전자상거래

e비즈니스 II

전자상거래

e비즈니스 Ⅱ

조준서 지음

HU:iNE

책머리에

전자상거래e-Commerce는 ICT(Information Communication Technology)의 발전과 더불어 지속적으로 성장해 나가고 있다. 특히, 모바일 시장의 급속한 성장, 그리고 4차 산업혁명 등으로 인해 전자상거래는 지속적으로 성장했으며, 앞으로도 더욱 성장할 예정이다.

전자상거래에서 혁신은 가장 큰 성장요인이며, 기존의 상거래에 혁신적인 변화를 불러온 전자상거래는 다시 한번 거대한 혁신이라는 4차 산업혁명과 함께 전자상거래 기업들은 미래의 시장의 경쟁에서 우위를 점하기 위한 노력을 하고 있다.

새로운 IT 기술의 등장은 언제나 전자상거래를 한 단계 발전시키는 계기가 되어왔다. 4차 산업혁명은 전자상거래 분야에 기존의 전자상거래와 신기술의 융합이라는 개념으로 또 다른 발전을 만들어 나가고 있다.

온라인이라는 개념에서 PC 기반의 상거래를 시작으로, 모바일 기반의 모바일 커머스, PC와 모바일이 융합된 소셜 커머스, 그리고 4차 산업혁명 기술들과 융합된 전자상거래로 발전하고 있다. 특히, 빅 데이터, 인공지능, 사물인터넷, 무인운송 등은 전자상거래의 확산에 직접적인 영향을 미치고 있다.

이러한 사회적·기술적 변화 환경에서 이 책을 통해서 전자상거래의 이해를 돕고자 한다.

차례

책머리에 5

제1장 4차 산업혁명 시대의 전자상거래 11

1. 4차 산업혁명 시대와 전자상거래 12
2. 4차 산업혁명 기술과 전자상거래의 융합 13

제2장 전자상거래 이해 45

1. 전자상거래의 개요 46
2. 전자상거래의 특징 51
3. 전자상거래의 진화 58

제3장 전자상거래 유형 및 모델 69

1. 전자상거래의 유형 69
2. e마켓플레이스 79

제4장 모바일 커머스 91

1. 모바일 커머스 개요 91
2. 모바일 커머스의 가치 및 특성 95
3. 모바일 커머스 유형 및 사례 107

제5장 O2O 커머스 115

1. O2O 서비스의 개념과 특성 115
2. O2O 서비스의 유형 121
3. O2O 커머스가 불러온 변화 134

제6장 소셜 커머스 139

1. 소셜 커머스의 시작 139
2. 소셜 커머스 이해 141
3. 소셜 커머스의 적용 기술 145
4. 소셜 커머스 특징 149
5. 소셜 커머스 유형 및 사례 156

제7장 지불결제 시스템 171

1. 지불결제 방식의 발전 171
2. 전자지불결제 173
3. 전자지불결제 시스템 176

찾아보기 187

표 · 그림 차례

[표 1.1] 4차 산업혁명의 핵심 기술 13
[표 1.2] 전자상거래에서 빅 데이터 활용 사례 19
[표 1.3] 전자상거래 기업의 인공지능 사용 예 28
[표 1.4] 무인운송수단의 장점과 단점 41

[표 2.1] 전통적 상거래와 전자상거래 비교 53

[표 3.1] 전자상거래 유형 69
[표 3.2] B2C 비즈니스 모델 71
[표 3.3] B2B 비즈니스 모델 72
[표 3.4] B2B 전자상거래 효과 73
[표 3.5] 판매 방식에 의한 분류 78
[표 3.6] 해외 e마켓플레이스 사례 89
[표 3.7] 국내 업종별 e마켓플레이스 현황 90

[표 4.1] 전자상거래와 모바일 커머스의 비교 93
[표 4.2] 모바일 커머스의 주요 특징 101
[표 4.3] B2C 거래 유형 109

[표 5.1] 국내에서 제공되는 O2O 서비스의 종류 118

[표 6.1] 소셜 커머스와 오픈마켓 비교 144
[표 6.2] SNS 활용 방법에 따른 소셜 커머스의 유형 분류 157
[표 6.3] 소셜 커머스의 유형 및 특성에 따른 분류 162

[표 7.1] 전자지불결제 시스템의 조건 177
[표 7.2] 전자지불결제 시스템의 유형별 장·단점 및 활용 방안 186

[그림 2.1] 전자상거래의 범위 59

[그림 3.1] e마켓플레이스 혜택 80
[그림 3.2] 운영주체 중심의 e마켓플레이스 84

[그림 5.1] O2O 프로세스 117
[그림 5.2] 에어비앤비(Airbnb) 비즈니스 프로세스 125
[그림 5.3] 배달의 민족 서비스 프로세스 126
[그림 5.4] Uber & Lyft 비즈니스 모델(아이콘 : flaction) 128

[그림 6.1] 소셜 커머스 개념도 143
[그림 6.2] 소셜 커머스 관계도 151
[그림 6.3] 기업별 판매 모델 167

[그림 7.1] 전자지불 시스템 173
[그림 7.2] 소액지불결제 시스템의 운영 체제 178
[그림 7.3] 전자화폐 운영 체제 180
[그림 7.4] 전자수표 형태의 운영 체계 181
[그림 7.5] 신용카드 지급시스템 운영 체제 182
[그림 7.6] 페이팔 결제 프로세스 185

제1장
4차 산업혁명 시대의 전자상거래

전자상거래e-Commerce란 인터넷 등의 전자적인 통신망을 이용하여 이루어지는 다양한 형태의 거래를 모두 포함하는 개념이다. 인터넷의 폭발적 확산과 모바일 시장의 성장, 그리고 4차 산업혁명 등으로 인해 전자상거래는 지속적으로 성장했으며, 앞으로도 더욱 성장할 예정이다.

전자상거래 시장이 계속해서 성장하는 이유는 혁신적인 성향에 있다. 전자상거래는 기존의 전통적 상거래가 가지고 있던 기업의 입장에서는 임대료, 임금 등의 거래 비용을 획기적으로 줄여주는 동시에, 소비자의 입장에서는 여러 편의성을 도모할 수 있기 때문이다. 또한 판매자 입장에서는 온라인과 오프라인에서 동시에 거래할 수 있으므로 매출 향상을 기대할 수 있다.

이와 같이 이미 기존의 상거래에 혁신적인 변화를 불러온 전자상거래는 다시 한번 거대한 혁신이라는 4차 산업혁명과 함께 전자상거래 기업들은 미래의 시장의 경쟁에서 우위를 점하기 위한 노력을 하고 있다.

언제부터인가 우리는 스마트폰으로 원하는 물건을 주문하고, 결제를 하고, 그리고 원하는 곳에서 배송을 받고 있다. 또한 다양한 정보를 얻어서 선택의 폭을 넓히고, 빠르고 안전한 배송을 이용하고 있다. 이러한 모든 과정이 실시간으로 모니터링이 되면서 말이다.

새로운 IT 기술의 등장은 언제나 전자상거래를 한 단계 발전시키는 계기가 되어왔다. 4차 산업혁명은 전자상거래 분야에 기존의 전자상거래와 신기술의 융합이라는 개념으로 또 다른 발전을 만들어 나가고 있다.

1. 4차 산업혁명 시대와 전자상거래

4차 산업혁명은 인공지능, 사물인터넷, 빅 데이터, 모바일 등 첨단 정보 통신 기술이 경제·사회 전반에 융합되어 혁신적인 변화가 나타나는 차세대 산업혁명이다. 인공지능Artificial Intelligence, 사물인터넷Internet of Thing, 클라우드 컴퓨팅Cloud Computing, 빅 데이터Big Data, 모바일 등 지능 정보 기술이 기존 산업과 서비스에 융합되거나 3D 프린팅, 로봇공학, 생명공학, 나노 기술 등 여러 분야의 신기술과 결합되어 현실 세계 모든 제품과 서비스를 네트워크로 연결하고 사물을 지능화 등을 나타낸다.

이러한 기술들은 전자상거래 분야에도 급속히 적용되고 있다. 온라인이라는 개념에서 PC 기반의 상거래를 시작으로, 모바일 기반의 모바일 커머스, PC와 모바일이 융합된 소셜 커머스, 그리고 4차 산업혁명 기술들과 융합된 전자상거래로 발전하고 있다. 특히, 빅 데이터, 인공지능, 사물인터넷, 무인운송 등은 전자상거래의 확산에 직접적인 영향을 미치고 있다.

2. 4차 산업혁명 기술과 전자상거래의 융합

4차 산업혁명을 주도하는 핵심 기술 중에서 전자상거래에 영향을 미치는 대표적인 기술로는 빅 데이터, 인공지능AI, 로봇, 사물인터넷IoT, 무인운송 및 자율주행 자동차 등이 있다.([표 1.1] 참조)

[표 1.1] 4차 산업혁명의 핵심 기술

빅 데이터	정형·반정형·비정형 데이터세트의 집적물, 그리고 이로부터 경제적 가치를 추출 및 분석할 수 있는 기술
인공지능(AI)	인간의 학습 능력과 추론 능력, 지각 능력, 자연 언어의 이해 능력 등을 컴퓨터 프로그램으로 실현한 기술
로봇공학 (Robot Technology)	인공지능과 접목되어 사회생활에 적용되면 사회 전체의 생산성 향상 예상.
사물인터넷(IoT)	인터넷을 기반으로 모든 사물을 연결하여 사람과 사물, 사물과 사물 간의 정보를 상호 소통하는 지능형 기술 및 서비스
무인운송 및 자율주행 자동차	운전자가 차량을 조작하지 않아도 스스로 움직이는 자동차

빅 데이터Big Data Analysis

4차 산업혁명은 컴퓨터를 기반으로 한 생산 방식의 혁신을 말한다. 또한 인공지능이 중심인 소프트웨어와 방대한 데이터를 처리하는 빅 데이터 기술, 최신 로봇 기술이 합쳐져 근로 형태가 혁신적으로 변화하는 것을 의미하기도 한다.

인공지능Artificial Intelligence, AI

기계 장치가 더 지능화되어서 사람의 생활 패턴을 이해하고, 스스로 알아서 동작하는 약한 인공지능부터, 생태계 전체의 생활 및 환경으로부터 최적의 해법을 제시하는 강한 인공지능을 이용하여 인간의 생산성을 최대한 올려주는 도구이다.

로봇공학Robot Technology, RT

사람을 도와주는 로봇(청소 로봇, 노인 보조 로봇 등)에 의해 사회 전체의 생산성이 올라갈 것으로 기대할 수 있다.

사물인터넷Internet of Thing, IoT

실생활에 해당하는 오프라인 모든 정보를 온라인으로 넘기는 O2O(Online to Offline)를 통해서 인터넷을 이용한 최고의 해법을 제시하고, 시행하게 하여 생산성을 최대한으로 올리는 도구이다. 예로, 병원의 모든 행동이나 사물들을 인터넷에 연결한 뒤, 최적화를 한다면 정보가 늦거나 서로 기다리는 손실을 줄일 수 있다. 따라서 환자도 빠른 조치를 받을 수 있어서 좋고, 병원도 생산성이 올라서 좋을 것이다.

무인운송수단

드론, 자율주행 자동차 등. 인간이 운전을 직접 하지 않음에 의해 그사이에 다른 일을 더 할 수 있고, 안전하게 이동할 수 있기에 생산성이 향상될 것이다.

2.1_빅 데이터와의 융합

전자상거래에서 빅 데이터를 이용한 분석은 활발하게 이뤄지고 있다. 첫 번째로, 빅 데이터와의 융합은 고객 데이터 분석 등을 활용하여 수요 예측, 생활 패턴 예측 등을 가능하게 하여 전자상거래를 활성화되게 한다.

전자상거래에서의 빅 데이터 기술을 활용하면, 보다 정교한 마케팅을 구현할 수 있다. 전자상거래 업체에 마케팅 캠페인을 전개하는 과정에서 빅 데이터 기술을 합리적으로 도입하여 시장에 영향을 미치는 데 필요한 인력과 물력, 재원 비용을 낮출 수 있다. 기업은 전자 시장의 현황 및 기업의 실제 수요에 맞춰 분산형 스토리지 시스템을 맞춤 구성할 수 있으며, 빅 데이터 기술을 통해 마케팅과 관련된 정량적 데이터를 발굴하고 분석할 수 있으며, 플랫폼별로 고객이 보여주는 뷰어를 형성한다. 또한 고객의 쇼핑 체험을 향상시킬 수 있다. 효율적인 재고 관리가 가능하며, 소매업의 경우, 확정된 지표의 효율의 정확성을 보장하려면 상품의 판매량과 재고 사이의 비율을 명확히 하는 것이 전제되어야 한다. 빅 데이터 기술을 응용하여 재고 관리 작업을 완수하면, 종업원이 상품 재고를 추적하는 실시간성과 과학성을 향상시킬 수 있고, 시장 수급의 변화 추이를 분석하는 방식으로, 시장의 발전 방향을 최대한 확실히 파악하여, 산출을 보장할 수 있다.

빅 데이터 시대를 맞아 전자상거래 시장에서 데이터가 매우 중요하게 되었다. 이젠 온라인 쇼핑몰과 양방향 소통의 고객 서비스는 전자상거래의 출발점이 되었기 때문이다. 이를 위해서 전자상거래에서 모이는 빅 데이터의 가치화를 위한 인공지능이 필수화되었다. 지금까지는 대부분 온라인 고객이 구매를 마친 상태의 정보를 분석하는 수준에 불과하였으나, 현재는 구매 이전의 정보를 자료화하여 분석하는 인공지능의 수요도 급격히 증가하고 있다. 이러한 빅 데이터 분석을 전자상거래에 다음과 같이 활용할 수 있다.

가) 고객 분석

엄청난 양의 데이터를 효과적으로 이용한다면, 온라인 비즈니스는 고객을 분석할 수 있고 사업에 도움이 되는 방법을 알게 될 것이다. 예를 들어서, 소비자 분석을 통해 주식 거래와 은행 뉴스를 다루는 페이먼츠 저널Payments Journal은 빅 데이터를 기반으로 소비자가 어떻게 필요한 서비스와 물건을 찾고, 어떻게 온라인을 검색하는지를 알려준다. 기업은 이를 바탕으로 소비자의 나이와 관심사, 특징을 구성하는 다른 기능을 알 수 있다. 예를 들면 사용자가 장시간 모 상품을 검색하거나 두 개의 상품을 반복하여 비교 검색하는 경우 또는 특정 상품의 링크를 지인에게 보내는 등의 행위는 타겟 마케팅에 있어서 매우 중요한 데이터가 되었다. 이런 데이터는 제품 수요 및 쇼핑 동향이 급격히 상승하는 것을 이해하도록 돕고, 온라인 기업이 어디에 마케팅과 영업 전략을 집중해야 하는지를 보여준다.

나) 개인 맞춤형 서비스 제공

고객 데이터를 활용한 분석은 개인화와 밀접하게 관련되어 있다. 요즘 온라인 고객은 자신의 취향에 맞는 맞춤형 제안을 선호하기 때문에 기업은 그에 적합한 제안을 할 수 있다. 널리 실시하는 방법으로는 구매자의 요구사항을 충족하기 위한 빅 데이터 사용을 가장 먼저 들 수 있다. 빅 데이터를 이용하면 고객의 구매와 문의사항을 알 수 있기 때문에 실시간 자동으로 추천 리스트를 보낼 수 있기 때문이다. 예를 들어, 아마존은 모든 방문자가 남긴 다양한 표식에 따라 맞춤형 제안을 바로바로 표시한다. 또한 추천 엔진을 활용해 사용자의 전반적인 쇼핑 경험을 향상시키고 있다.

다) 보안과 위험 관리

빅 데이터 분석은 온라인 결제를 보다 안전하고 쉽게 만드는 데 중요한 역할을 할 수 있다. 빅 데이터는 중앙집중식 플랫폼에서 다양한 지불 기능을 통합하고, 이는 플랫폼 사용의 용이함을 의미하므로 이상 거래 혹은 사기의 위험을 줄인다는 것이다. 이처럼 최신 분석 기술이 불법적인 일들을 실시간으로 발견하게 되면 사전 대응 솔루션을 제안할 수 있다.

라) 합리적인 가격 책정

빅 데이터는 유연한 가격 정책이 가능하도록 한다. 예를 들어서, 항공사는 정책적으로 변동 가격제를 실시하는데, 일반적으로 빅 데이터를 기반으로 특정 요일, 휴일과 계절 및 구매 내역을 포함한 판매 지수 등이 반영된 기술을 구현하기 때문에 항공사가 언제 가격을 최고로 해야 하는지, 언제 할인할지 등을 알 수 있다.

마) 수요 예측

빅 데이터는 예측 작업이 가능하다. 기업의 재고 관리를 예로 든다면 소비자가 필요한 물건을 수용하는 것보다 오히려 전자상거래 비즈니스는 필요 없는 초과분을 줄여야 특정 타임 플랜에 사용될 물건을 유지할 수 있다. 빅 데이터의 정확한 수요 예측을 통해, 전자상거래 기업은 창고에 있는 재고 유지 비용을 줄일 수 있다. 아마존 역시 데이터 히스토리를 고려해, 동일한 방식으로 접근하고 있으며, 그로 인해 수요변동, 특히 휴가철과 축제 기간 동안에 남아 있는 물건이 무엇인지 평가하도록 해주고 있다.

바) 잠재적 문제 해결

빅 데이터는 고객이 경험한 서비스를 추적해 예측 모니터링을 완성할 수 있다. 그 때문에 기업은 잠재적인 문제를 미리 파악하고 고객이 파악하기 전에 해결할 수 있다. 전자상거래에서 고객 서비스는 기업의 성공을 결정할 만큼 중요하기 때문이다. 결국 대다수 소비자가 열악한 고객 서비스를 경험한다면 더 이상 이용하지 않을 것이기 때문이다.

2.2_인공지능과의 융합

전자상거래 시장에서 인공지능Artificial Intelligence 기술은 다양하게 적용되고 있으며 그 응용 범위 또한 광범위하다. 인터넷 쇼핑몰의 경우 오프라인 상점과는 달리 상품 선택에서 결제까지의 구매 절차를 온라인에서 자동화된 시스템을 통하여 처리한다. 최근에는 인공지능 기술을 이용하여 고객들의 상품 구매 패턴을 분석한 후 제품의 수요 예측 등을 통해 상품 추천이나 재고를 관리함으로써 고객의 쇼핑 만족도가 높아지고 기업의 이익이 증가하는 양상을 보이고 있다.

사전에 축적된 데이터를 통해 학습 과정을 거치는 인공지능 기술의 원리는 전자상거래 과정에서 발생되는 수많은 데이터를 활용하는 데 적합한 구조이다. 인공지능 기술은 의료 및 금융 분야와 함께 전자상거래 분야에도 다양하게 적용되고 있다.

전자상거래를 이용하는 소비자는 제품을 검색하고 비교한 후 선택하여 구매하는 과정에서 정확성과 신속성을 필요로 하기 때문에 최근 인공지능 기술을 도입하여 전자상거래 시스템을 구축하는 사례가 증가되고 있다.

[표 1.2] 전자상거래에서 빅 데이터 활용 사례

기업	활용사례
Coca Cola	• SNS, 인터넷 게시판 등의 데이터를 실시간으로 분석하여 내부 자산으로 활용 • 다양한 소셜 미디어에서 얻어진 데이터를 분석하여 제품 판매에 연관된 의사 결정에 반영하여 코카콜라에 비우호적인 정보가 증가하는 국가나 지역을 대상으로 홍보를 강화하는 등 실시간 대응 가능
월마트	• 각 지점의 모바일과 소셜 쇼핑을 이용한 월마트랩(Walmartlabs) 운영 • 소셜 미디어 회사인 코스믹스(Kosmix) 인수를 통해 소셜 네트워크와 콘텐츠를 관리함으로써 유통과 전자상거래(e-commerce) 간의 시너지 발휘 • Social Genome은 소셜 미디어를 통해 대규모 데이터를 수집하여 리얼타임으로 해석된 추출된 정보를 이용하여 상품 판매를 촉진하는 기법으로 시시각각 변화하는 소비자의 패턴을 분석하여 적재적소에 필요한 물품을 빠르게 제공함으로써 불필요한 재고 낭비 방지하고 고객이 원하는 물품을 충분히 공급할 수 있기 때문에 점포당 고객 만족도 향상으로 이어져 기업 발전에 선순환적인 역할
넷플릭스	• 고객 데이터 분석 활용한 차별화를 통해 콘텐츠 미디어 기업으로 성장 • 고객이 과거에 대여한 영화 목록과 시청한 영화에 부여한 평점 등의 데이터를 분석하는 시스템 개발하여 10만 개의 영화 정보, 1,600만 명 고객의 시청 이력 정보에 대한 분석 추진 • 각 고객별 웹사이트 내 실시간 행동 패턴을 분류하여 개인별 맞춤형 페이지를 구축하고 최적화된 영화 콘텐츠를 추천하여 하루 평균 50억 개 추천
포스코	• 원료 가격을 효율적으로 구매함으로써 가격 경쟁력을 향상 • 철광석 가격에 영향을 미치는 남미, 호주 광산의 상황과 런던 금속거래소(LME)를 통해 수집한 광물 가격 데이터를 실시간으로 분석 • 고객사의 수요 데이터와 전 세계 철광산 및 현물 거래소의 가격 데이터를 조합한 후 비교하여 철광석 구매의 최적 타이밍과 가격대 결정 • 자원 투기 세력에 의한 원자재 가격 급락의 위험으로부터 보호
GS EPS	• 전력 시장 분석을 통해 합리적인 전력 시장 분석 및 예측 • 전력에 영향을 미치는 다양한 변수를 고려한 합리적인 전력 시장 예측 • 송전 제약, 연료 제약, 열 공급 발전 제약과 같은 다양한 조건적 요소를 반영한 시뮬레이션 결과 제공 • 전력 수요 및 SMP(Standard Market Price) 예측, 사업 계획 수립 및 통합 DB 구축

현재 전자상거래 시장의 화두는 고객에게 맞춤형 서비스를 제공하는 것이다. 맞춤형 서비스를 제공하기 위해서는 '개인화', '추천', '수요 예측' 등을 위해 기술 개발이 이루어져야 한다. 전자상거래 기업들이 가장 주목하는 인공지능 기술은 단연 이미지 등 멀티미디어 데이터 처리 기술이다. 이미지나 음성을 통해 상품을 검색할 경우 원하는 상품을 더 세분화해 찾을 수 있고, 구매 과정이 단축되어 만족도를 높일 수 있다. 또한 사물인터넷 등과 연계된 인공지능 서비스는 보다 자동화된 추천 서비스를 가능하게 해 기업의 효율적 운영에도 도움이 된다. 때문에 인공지능 기술은 전자상거래 마케팅을 차별화할 수 있다는 점에서 지속적인 개발이 이루어질 것이다.

가) 인공지능을 활용한 전자상거래 전략

인공지능은 구글 검색 엔진, 테슬라 자율주행 자동차, 애플의 음성 비서 및 아마존의 쇼핑 추천 등에서 역량을 발휘하고 있다. 소매 및 전자상거래에서 인공지능이 미치는 영향도 커지고 있다. 아마존, 월마트, 이베이와 같은 전자상거래 기업들은 인공지능을 가격을 책정하고 수요 계획에 이르기까지 전자상거래 운영의 다양한 측면을 최적화하고 판매를 확장하는 데 유용한 도구로 사용하고 있다.

인공지능 기술은 4차 산업혁명의 많은 기술들을 접목시킬 수 있는 집합적 기술이며, 전자상거래 시장에서 혁신을 가져올 수 있는 기술 중 하나다. 따라서 앞으로의 전자상거래 시장에서는 인공지능 기술을 가치사슬 전 과정에서 얼마나 적절히 활용하는지가 관건이다. 인공지능 기술은 아마존 등 거대 전자상거래 기업 등에서 도입 및 개발되고 있다.

먼저 전자상거래 기업이 인공지능을 활용하는 방법은 가격 책정, 재고 관리, 품목 관리 단계에서 논의되는 경우가 대부분이다. 현재 전자상거래 시장에서는 정보 활용이 확대됨에 따라 영리한 소비자가 늘어나면서, 대부분 기업들에게 새로운 과제가 제시되고 있다. 경쟁은 엄청나게 치열해지고 고객 중심의 차별화된 서비스를 제공하지 못하는 기업들은 도태된다. 때문에 전자상거래 기업들은 가격 책정 단계부터 차별적 전략을 도입해야 한다.

① 가격 책정

인공지능은 시장 역학 및 경쟁 환경의 변화를 지속적으로 평가하는 복잡한 학습 알고리즘을 사용해 상품 가격을 재책정함으로써 이 문제를 해결한다.

오랜 기간 동안 전략적인 가격 책정은 온라인 전자상거래 기업에게 매우 중요한 과제다. 온라인과 오프라인 간 가격을 다르게 책정하거나, 연령이나 거주지에 따라서도 가격을 차별화할 수 있다. 각 소비자 계층별로 원하는 상품과 그 가격이 다양하고 구매 의도도 확연한 차이가 나기 때문이다. 그런데 이렇게 소비자의 구매 의도를 파악하고 가격을 책정하는 것은 기존 산업 단계에서는 매우 어려운 과제다. 적합한 가격을 책정하는 기준이 매우 모호하다. 때문에 인공지능 기술은 가격 책정에 도움을 줄 수 있다. 시장 역학 및 경쟁 환경의 변화를 장단기적으로, 지속적으로 평가하는 고도화된 알고리즘을 통해 가격을 책정하는 것이다.

예를 들어서, 미국의 아마존의 경우 판매자들이 아마존 Buy Box를 염두에 두고 경쟁한다. 때문에 아마존은 자사 사이트에 배치할 상품을 선택하기 위해 정교한 알고리즘을 사용하고 있다. 배치할 제품을 선택하기 위해 아마존은 정교한 알고리즘을 사용해 평점, 리뷰, 배송, 가격 및 서비스 품질과 같은 판매자의 성과 지표를 평가한다. 이러한 이유로 아마존에서 최적의 상품 가격 책정은 판매자가 추측하는 것보다 훨씬 더 깊이 들어가도록 요구하고 있다.

전자상거래에서 인공지능에 사용되는 알고리즘을 활용하면 판매자와 판매 상품을 자세히 분석하고, 고객에게 적합한 상품과 적합한 가격을 제시할 수 있다.

② 재고 관리

채널을 통한 재고 가용성 관리는 전자상거래에서 가장 큰 고민 중 하나이다. 재고가 없어지면 제품을 입고하는 데 며칠이 걸리고 가맹점의 수입에 큰 영향을 줄 수 있기 때문에 악몽과도 같은 시나리오이다. 반면 과잉 재고는 비즈니스 위험과 자본 부담이 증가한다. 급변하는 시장에서 재고 속도를 예측할 때의 문제는 수요와 경쟁이 모두 자주 변하는 것이다.

운영 효율성을 달성하려면 소매 업체는 정확한 수요 예측 및 예측 분석을 사용해야 한다. 인공지능 및 학습 알고리즘은 주문 속도 예측에 도움이 된다. 그들은 주문 속도에 영향을 미치는 주요 요소를 식별하고 각 요인의 영향을 모니터링해 속도 및 재고 요구사항을 정확하게 모델링할 수 있다. 학습 시스템의 장점은 시간이 지남에 따라 더 지능화되기 때문에 상인이 재고 요구를 정확하게 예측하게 만든다는 점이다.

재고 관리 단계에서는 인공지능이 크게 도움이 된다. 인공지능 기술은 업무 효율성을 높이는 데 도움이 된다. 기존의 전자상거래 시장에서는 사후 분석을 통해 수요와 재고를 예측해왔으나, 판매자와 구매자의 정보 비대칭성이 보완

된 전자상거래 환경에서는 이런 방식이 매우 부정확하다. 때문에 인공지능을 활용해 고객 수요를 예측하고 생산 능력을 조절해야 한다.

다시 말하면, 재고 관리는 전자상거래 업무에서 가장 중요한 업무 중 하나다. 재고가 없으면 고객에게 상품을 전달하는 시간이 지나치게 오래 걸리고 고객 만족도도 하락한다. 재고를 적절히 조절하지 못하면 커뮤니티를 중심으로 기업 신뢰도가 크게 떨어진다. 인공지능과 러닝 알고리즘은 주문의 속도 예측에 높은 신뢰도를 부여하기 때문에 이런 문제를 해결하는 데 도움이 된다. 러닝 알고리즘은 방대한 데이터에서 주문 속도에 관여하는 요소들을 식별하고 실시간으로 모니터링해 필요 재고를 예측할 수 있다. 그리고 생산 전 단계를 네트워크로 연결시켜 인공지능 활용 범위를 높이면 더 효율적인 기업 운영이 가능하다. 대규모 전자상거래 기업들이 앞다투어 인공지능 기술을 도입하는 이유다.

③ 품목 관리

소매 업체 운영의 또 다른 주요 측면은 판매할 제품, 추가할 제품, 중단할 제품 등 제품을 상황에 따라 다양하게 관리해야 한다는 점이다. 재고 계획과 마찬가지로 품목 계획에도 상당한 양의 예측을 필요로 한다. 가맹점은 제품의 경쟁력을 이해하기 위해 시장 동향과 수요 변화를 모니터링해야 한다. 사람이 제품 및 카테고리의 과거 실적을 분석할 수는 있지만 정확한 예측에는 정교한 알고리즘 모델이 필요하다. 제품 간 관계, 다양한 이벤트의 영향, 경쟁 및 가격 책정의 영향을 평가하는 것이 요구된다.

즉, 전략적인 품목 관리가 이루어져야 한다. 변화하는 전자상거래 시장에서 자사 제품의 경쟁력을 알아보기 위해 인공지능을 활용할 수 있다. 기업의 직원들이 제품의 과거 실적을 분석할 수 있지만, 단순히 매출을 놓고 제품의 경쟁력을 예측하는 것은 한계가 있다. 네트워크 환경에서는 사이트 트래픽, 가격, 이용자의 욕구 등 개별 요소와 그들의 관계를 모두 이해하고 전략을 구성해야 하기 때문이다. 앞서 살펴본 것처럼 네이버, 아마존, 월마트 등은 인공지능 전략을 전담하는 TF팀을 두고 있다. 이를 통해 핵심 제품, 연관 제품, 판매를 중단할 제품 등을 구별해 가장 적합한 판매 전략을 적용한다. 인공지능의 데이터 분석 능력을 활용하는 것이다.

전자상거래 비즈니스는 더 스마트해지고 운영의 발전이 지속적으로 이뤄지고 있다. 인공지능의 활용으로 물류는 소매업의 핵심 역량으로 오늘날 알고리즘은 끊임없이 데이터를 분석하고 시장 동향을 예측하며 시장 변화에 실시간으로 대응하며 진화하고 있다.

나) 인공지능 활용 효과

전자상거래상에서 인공지능을 활용하면 다양한 기능 등을 통해서 고객 경험, 의사 결정 능력, 마케팅을 활성화할 수 있다.

① 고객 경험 향상

전자상거래 기업의 성공에 있어서 중요한 요소 중 하나는 고객의 경험을 향상시키는 것이다. 고객 경험의 향상은 고객 충성도를 확보하는 수단이며, 높은 고객 충성도는 고객 유지도와 고객의 재구매율을 높이기 때문에, 수익과 직접적인 연관이 있다고 볼 수 있다. 전자상거래 기업들이 인공지능을 통해 고객 경험을 향상시키는 수단으로는 고객과의 커뮤니케이션 증대가 있다.

전자상거래 기업들은 인터넷을 이용해 고객들의 응답에 대해 더욱 빠르게 수신하고 도움을 줄 수 있게 되었다. 인공지능의 도입은 이러한 커뮤니케이션을 더욱 빠르게 진행시켜서 고객 경험을 향상시키고 있다. 이미 많은 전자상거래 기업들은 인공지능을 고객 응대 서비스에 광범위하게 활용하고 있는데, 이에 대한 예로는 챗봇이 있다. 챗봇은 간편한 상담 업무 등을 수행하는 인공지능을 활용한 프로그램이다. 챗봇은 사용자와 대화를 나눌 수 있도록 구현된 프로그램으로 인건비를 들이지 않고도 소비자에게 언제 어디서나 상담 서비스를 제공할 수 있다. 상담원과의 전화 연결이나 이메일을 통한 상담은 소비자가 상담할 수 있는 상담원이 있을 경우에만 가능하며, 또 업무 시간에만 가능하다는 단점이 있지만, 챗봇의 경우에는 그렇지 않기 때문에 소비자들에게 더욱 좋은 고객 경험을 제공한다.

② 의사 결정 능력 향상

전자상거래 기업의 성공을 좌우하는 가장 중요한 것 중 하나는 기업 경영자들의 전략적 결정에 있을 것이다. 성공적인 전략적 결정은 시장과 소비자에 대한 이해가 바탕으로 되어야 하며, 때문에 이미 많은 전자상거래 기업들은 과거의 인간의 판단력에 의존한 데이터 주도형 경영 의사 결정을 넘어, 인공지능을 경영 의사 결정에 이용하고 있다.

인공지능은 인간과 달리 모든 데이터를 이용할 수 있다. 훨씬 더 방대한 양의 정보를 빠르고, 정확하게 분석할 수 있는 것이다. 또한 이러한 정보를 인공지능은 인간의 감정적이거나 편견의 시선을 배제한 채로 환경을 분석하는 데에 사용하기 때문에, 인지적 편향에 기반한 경영 의사 결정을 배제한다. 이런 이유 때문에 많은 전자상거래 기업들이 현재 인공지능을 업무 흐름에 도입하거나, 심지어는 인공지능의 효율성을 위해, 인간을 업무 흐름에서 배제하기까지 하며, 인간의 판단력이 아닌 인공지능의 판단력을 경영 의사 결정의 핵심프로세서 역할을 수행하게 하는 것이다.

이에 대한 예로 미국의 금융업 기업인 골드만삭스가 있다. 골드만삭스는 수백 명의 딜러를 자사의 트레이딩 업무를 수행하도록 하는 대신, 인공지능 알고리즘에 기반하여 거래를 하고 있다. 해당 기업의 인공지능은 기업의 공시, 회계 정보, 뉴스, 경제 지표 등의 9만 개가 넘는 변수를 처리하고 분석하고, 또한 스스로 학습하여 인간에게 투자 전략을 제시한다.

③ 마케팅 활성화

전자상거래 기업들은 인터넷을 이용해, 기존의 마케팅과는 다르고 더욱 효율적인 업무를 수행할 수 있다. 더욱이 인공지능 기술을 적용하여 각각의 소비자마다의 데이터를 분석해서, 세분화된 소비자층에 더욱 알맞은 마케팅 기법을 활용할 수 있기 때문이다. 때문에 많은 전자상거래 기업들이 인공지능을 통한 마케팅을 이미 실용화하였다.

예를 들어, 미국의 전자상거래 기업인 아마존의 경우, 소비자들에게 파격적인 가격 할인을 제시하는 공격적인 마케팅 방법을 사용하는 기업으로 알려져 있다. 아마존이 이러한 전략을 사용할 수 있는 것은 인공지능의 활용에 그 이유가 있다. 인공지능을 통해, 소비자 개개인의 이전 구매 데이터를 분석해, 해당 소비자의 구매 활동을 예측할 수 있기 때문이다. 이를 통해, 소비자가 구매할 가능성이 높은 물품을 자동 추천하는 것을 넘어, 쿠폰을 발송하기도 한다.

또한 자사의 재고 데이터를 인공지능으로 분석한 뒤, 해당 정보를 소비자 구매 패턴 정보와 결합하여, 새로운 판매 전략을 제시한다. 재고 수급이 힘들 것 같은 제품의 경우 노출을 줄여, 소비자가 대체 상품을 사도록 유도하는 식이다. 소비자들에게 대체 상품을 구매할 강한 유인을 주기 위해 대체 상품에 대한 할인을 제공하기도 한다. 반대로 잉여 재고가 될 가능성이 있는 제품은 할인을 통해 재빠르게 소진시킨다. 이러한 전략은 이른바, '가변적 가격 책정Dynamic Pricing'이라 알려져 있다. 전자상거래 기업이 취급하는 물건은 4억 종이 넘는데, 그중 수백만 개의 상품의 가격을 수요에 따라 유동적으로 책정하여 재고 비용을 최소화하며 마진 향상에 활용하고 있다. 아마존은 인공지능을 통해, 소비자와 자사의 재고 데이터를 분석하여, 공격적이고 효율적인 마케팅 방법을 보여주고 있다.

다) 인공지능 적용 사례

인공지능을 활용한 혁신은 전자상거래 시장에서 생존하기 위한 중요한 전략이다. 커머스에서 금융, 라이프스타일에 이르기까지 다양한 분야에서 변화를 주도한다. 전자상거래 시장에서 인공지능 기술은 다양하게 적용되고 있으며 그 응용 범위 또한 광범위하다. 인터넷 쇼핑몰의 경우 오프라인 상점과는 달리 상품 선택에서 결제까지의 구매 절차를 온라인에서 자동화된 시스템을 통하여 처리한다. 최근에는 인공지능 기술을 이용하여 고객들의 상품 구매 패턴을 분석한 후 제품의 수요 예측 등을 통해 상품 추천이나 재고를 관리함으로써 고객의 쇼핑 만족도가 높아지고 기업의 이익이 증가하는 성향을 보이고 있다. 전자상거래에서 인공지능 기술은 다양한 방면에서 활용된다.

[표 1.3] 전자상거래 기업의 인공지능 사용 예

회사명	국가	사용 예
구글	미국	• 사용자 맞춤형 서비스 • 기계학습(머신러닝)을 활용·제품 분류·가격·특가 제공 등 서비스 제공
네이버	한국	• 사용자 맞춤형 서비스 • 스마트 렌즈 사용, 이미지 검색 서비스 제공
넷플릭스	미국	• 사용자 맞춤형 최적화 콘텐츠 제공 • 개인의 시청 성향을 분석하여 전체 콘텐츠에 대해 개인별 추천
아마존(Amazon)	미국	• 사용자 맞춤형 서비스 • 소비자의 구매 제품 수요 예측
알리바바(Alibaba)	중국	• 이미지를 이용한 상품 검색
쿠팡	한국	• 소비자의 선호 제품 예측 • 구매자의 주문을 예측

알리바바는 이미지에 태그된 텍스트 정보를 사용하지 않고 이미지만으로 사용자가 원하는 상품을 찾아주는 서비스를 하고 있다. 아마존의 경우 사용자가 직접 찍은 사진을 이용하여 검색에서부터 구매까지 사용자에게 맞는 제품을 추천해 준다. 또한, 지역별로 판매되는 제품의 수요를 예측하여 사전에 확보해 놓음으로써 배송 처리 기간을 단축시키는 시스템을 구축하였다. 인공지능이 실시간 이미지 검색 기능에 적용되고 기술이 고도화되면서 쇼핑, 광고, 사진 분류 등 다양한 분야에서 활용하는 모습들이 보이고 있다.

구글의 경우 사진 저장 클라우드 서비스 '구글포토' 사진 분류 기능에 AI를 적용하여, 구글 렌즈에 인공지능과 증강현실 기능을 적용해 카메라를 물체에 갖다 대면 이를 식별이 가능하다. 시각 모델과 번역 기술을 통해 표지판의 글자 콘텐츠를 인식하거나 명소를 인식하고, 사진 촬영으로 제품의 이름, 가격, 구입처 확인까지 가능하다. 구글 '듀플렉스' 인공지능을 기반으로 한 자연어 처리 기술은 텍스트 정보를 음성으로 바꿔주는 기술로 구글의 듀플렉스는 자연어 처리 기술을 접목하여 사람 대신에 직접 식당, 미용실, 병원 등에 전화를 걸어 예약할 수 있도록 개발된 구글 어시스턴트에 탑재된 인공지능 서비스이다. 대화의 상황과 맥락을 스스로 이해하고 판단해 예약을 할 수 있으며 대화 중간에 사람의 의성어까지 구현해내며 일상적인 대화의 세부적인 특징들까지 거의 완벽하게 인간을 모방할 수 있다.

딥러닝, 머신러닝은 데이터가 많을수록 기계가 학습하는 양이 많아져, 이용자에게 제공하는 결과의 정확성을 높일 수 있다. 이미지 검색 사용자가 많아야 기계가 학습할 데이터도 많이 생성할 수 있어 서비스의 접근성이 중요하다. 이에 각 쇼핑몰에서는 빠른 기능 업그레이드를 통한 인공지능 이미지 검색을 적용하고 있다.

넷플릭스는 사용자에게 보다 최적화된 콘텐츠를 추천하기 위하여 사용자 데이터 분석에 딥러닝 기술을 사용했다. 과거 대량생산, 대량소비 시대의 정보 소비 행태와 달리 모두에게 동일한 메시지를 제공, 전달하는 것이 아니라 개인화된 콘텐츠 소비가 일반화되면서 동일한 콘텐츠라도 사용자 스스로 선택하여 자신에게 최적화된 콘텐츠를 소비하려는 경향이 증가함에 따라 사용자에게 적합한 콘텐츠를 선별해주는 정교화된 맞춤형 큐레이션 서비스를 제공한다. 인공지능 기술은 콘텐츠 추천을 위한 알고리즘을 넘어 머신러닝과 딥러닝 기술을 플랫폼과 콘텐츠에 적용하면서 새로운 혁신의 계기로 평가하였고 플랫폼과 인공지능의 결합은 주로 큐레이션 기능을 통해 나타나고 개별 사용자에게 최적화된 콘텐츠 제공을 위해서 인공지능이 활용되며 사용자의 콘텐츠 이용에 따라 적절한 콘텐츠를 추천한다.

넷플릭스는 개인의 시청 성향을 분석하여 전체 콘텐츠에 대해 개인별 추천한다. 현재 넷플릭스 사용자의 70% 정도가 이 기술을 통해 추천 동영상으로 다음에 시청할 동영상을 선택하고 있다고 한다. 이러한 기술을 통한 선호 분석은 넷플릭스 자체 콘텐츠 제작에도 많은 영향을 준다.

국내에서는 이베이, 쿠팡, 위메프, 티몬, 11번가 등은 대부분 오픈마켓 및 소셜 커머스의 형식으로 운영되어, 아마존과는 다르게 플랫폼을 통해 주문이 발생하면, 판매자가 물류를 담당하는 구조였다. 그러나 최근 들어 변화를 목적으로, 국내 전자상거래 기업들도 물류에 투자를 진행하며, 물류 센터를 직접 운영하고, 물류 부문에 인공지능 등의 새로운 기술을 접목하여, 구매자의 주문을 예측하고 상품을 준비하며, 더욱 신속하게 물류 작업을 수행할 수 있도록 물류 시스템을 직접 운영하고 있다. 또한 해당 사업자들은 '스마일배송', '나우배송', '로켓배송' 등의 명칭으로 묶음 배송, 당일 발송, 새벽배송, 익일 배송 등 직접물류를 시행하여, 물류 부문의 변화를 통한 판매자 및 구매자에 새로운 편익 제공을 확대하고 있다.

또한 인공지능 기술을 쇼핑 커머스에 접목해 챗봇, 이미지 검색, 보이스 커머스 등 새로운 쇼핑 환경을 고객들에게 제공하고 있다. 사용자는 개인에게 맞춤화된 정보를 제공받을 수 있게 되었다.

네이버는 '스마트 렌즈'를 출시하여 이용자가 직접 사진을 촬영하여 등록하면 유사 이미지를 찾아주는 검색을 제공하고 있다. 특히 쇼핑과 접목한 '쇼핑 렌즈'는 이용자가 상품 사진을 촬영하여 올리면 인공지능이 구매 가능한 링크를 띄워주고 바로 구매할 수 있는 페이지로 연결하여 쇼핑과 연계하는 서비스를 제공하고 있다.

2.3_사물인터넷과의 융합

현대 사회는 초연결사회이다. 초연결사회란 각종 통신 기술의 발달에 따라 네트워크로 사람과, 사물, 서비스, 데이터 등 모든 것이 연결되는 사회를 말한다. 사람과 사람 간 다양한 사물들이 만들어내는 데이터 간의 폭넓은 연결을 통해 변화와 혁신을 이끄는, 4차 산업혁명 시대를 대표하는 개념이다. 즉, 세상 모든 것이 연결되는 초연결사회는 물리적 연결을 넘어 모든 서비스를 연결하는 개념으로 진화 중이다. 그리고 초연결사회에서 가장 중요한 기술은 다름 아닌 사물인터넷 기술이다. 사물인터넷 기술을 통해 P2P(Person to Person), P2M(Person to Machine) 및 M2M(Machine to Machine) 등 모든 네트워크 요소들의 연결이 가능해짐으로써 유비쿼터스 및 초연결사회를 구현할 수 있는 기반이 마련되고 있다.

사물인터넷 기술은 고객에게는 보다 편리한 서비스를 제공하고, 기업들에게는 새로운 기회를 제공해 준다. 특히 사물인터넷 기술은 전자상거래 시장에서 가장 빠른 확산세를 보이고 있다. 경쟁이 지나치게 치열해진 전자상거래 시장에서 사물인터넷이 제공할 수 있는 연결성과 막대한 데이터는 이를 충분히 활용할 능력을 갖춘 기업들에게 새로운 기회와 이익을 가져다줄 것이다. 때문에 전자상거래 기업들이 사물인터넷의 활용 전략을 갖추는 것이 무엇보다 중요하다. 아마존 등 거대 기업은 자본을 바탕으로 사물인터넷 시장을 선점하고 있으며, 벤처 기업들은 새로운 기술을 활용할 새로운 전략으로 경쟁력을 모색하고 있다. 사물인터넷 기술을 시장에 적용할 수 있는 방법을 찾는 것이 점점 중요해지고 있다.

가) 전자상거래에서 사물인터넷 적용 기술

모든 사물과 인간을 연결하는 개념의 사물인터넷은 인터넷을 통한 데이터 수집을 넘어 오프라인 동향 등 보다 넓은 분야의 데이터를 확보하는 데 기여할 수 있다. 기본적으로 사물인터넷의 핵심 기술은 센싱 기술, 인터페이스 기술, 네트워킹 기술로 이루어진다.

센싱 기술은 열, 습도, 온도, 속도 등과 같은 계측 가능한 물리량을 다양한 방법을 이용해 측정하는 기술로, 사물인터넷에서는 기기 본체에 부착된 감지 모듈을 통해 감각 데이터를 수집한다. 이를 인터넷을 통해 공유하기 위해 기본적인 신호처리 및 알고리즘 수행이 가능한 모듈을 포함한 내장 방식의 스마트 센서 기술이 필요하다.

인터페이스 기술은 소프트웨어 개발과 연관이 있다. 사물인터넷에서 인터페이스 기술은 사물인터넷의 구성 요소인 인간과 사물, 서비스를 통해 특정 기능을 수행하는 응용 서비스와 연동하는 기술이다. 사물인터넷의 서비스 기능을 효율적으로 구현하기 위해서는 특히 정보의 검출과 가공 및 처리를 담당하는 데이터 기반 기술, 위치 정보 기반 기술이 필요하다. 또한 사적 정보와 프라이버시 보호를 담당하는 보안 기술은 필수적이며, 온톨로지Ontology 모델 기반의 여러 기술들을 포괄하는 것도 논의되고 있다. 이들 기술은 다양한 서비스를 제공할 수 있는 인터페이스 개발을 위해 폭넓게 활용되어야 한다.

사물인터넷에서 네트워킹 기술은 다양하고 분산된 환경에서 흩어져 있는 기기들의 물리적 연결을 수행하는 유무선 네트워킹 기술이다. 사물인터넷의 네트워킹 기술에는 WPAN과 와이파이, 블루투스, ethernet, 위성통신, 5G 등이 활용되고 있다.

전자상거래 기업들은 이러한 사물인터넷 핵심 기술을 제품 생산과 유통, 판매까지 다양한 분야에 걸쳐 활용하고 있다. 전자상거래 시장에서는 개인 맞춤형 상품이 매우 중요하기 때문에, 사물인터넷 기술이 기업의 제품 출고 과정 전반에서 변화를 일으키고 있다. 또한 전자상거래 기업들은 스마트 팩토리 모델의 도입으로 생산 과정을 최적화하고 공정의 유연성과 성능을 크게 높일 수 있다.

또한 유통과 판매 과정에서도 사물인터넷 기술이 활용된다. 아날로그 방식을 고집하던 많은 사물들이 인터넷에 연결되면서 새로운 유통 및 판매 전략이 수립되고 있다. 업계를 선도하는 전자상거래 기업들은 고객들의 데이터를 수집하는 것과 마케팅 전략을 구성하는 것 양측에서 사물인터넷을 활용하고 있다. 전자상거래 유통 판매 전략에서 가장 중요한 것은 고객과 사물 간의 연결성을 증대하는 것이다. 특히 스마트 가전을 통해 스마트 홈 기술이 보편화되면 고객과 사물의 연결성이 증대되고 전자상거래 기업이 마케팅 전략을 수립하는 데에도 이점을 가져다줄 것이다.

그 외에, 전자상거래 시장에서 주목해야 할 사물인터넷 기술로 보안 기술과 호환성 문제가 꼽히고 있다. 전자상거래상에서 모든 거래는 전자적으로 이루어지므로 사물인터넷에 적용되는 보안 기술은 매우 중요해지고 있다. 전자상거래에서 사물인터넷이 대표적으로 사물인터넷 적용된 분야는 공급망, 커넥티드 컨슈머Connected Consumers 및 스마트 스토어가 있다.

나) 전자상거래에서 활용

사물인터넷 기술은 다양한 분야에서, 다양한 목적으로 적용될 수 있는데, 전자상거래에서는 고객 및 시장 분석, 재고 추적 및 배송 관리, 효율적인 장비 유지·보수, 커넥티드 컨슈머 등에 활용된다.

① 고객 및 시장 분석

사물인터넷은 전자상거래 업체가 고객과 시장 전체의 수요를 분석하는 데 도움이 된다. 경쟁으로부터 눈에 띄게 사물인터넷 장비에서 수집한 데이터는 사람들의 습관과 생활 방식을 꿰뚫어 보고, 새로운 견해를 바탕으로 좀 더 맞춤형 마케팅을 펼칠 수 있다.

전자상거래 업체는 온라인 뷰 패턴과 검색 트렌드를 식별하여 고객이 어떻게 쇼핑하는지 표시하고, 그들에게 타겟 제품을 추천한다. 사물인터넷은 또한 기업들이 고객의 선택에 따라 혜택을 맞춤화하도록 허용하면서, 소비자들의 행동에 따라 그들의 쇼핑에 영향을 미치는 의사 결정을 통찰한다.

사물인터넷은 전자상거래 업체에 무한한 가능성을 주고 고객마다 또는 그룹별로 고객을 개성화하는 방법을 제공한다. 예를 들어 소비자가 겨울에 히터를 켜면 이 기기는 이 정보를 온라인 상점으로 보내고 귀마개나 따뜻한 스웨터, 슬리퍼 등 개성화된 제품에 대한 추천을 보낼 수 있다. 보험사들은 자동차 운전자의 운전 습관 데이터와 속도 센서, 글로벌 포지셔닝 시스템 등 사물인터넷 장비에서 얻은 데이터를 수집하고 있다. 이러한 데이터는 운전자의 안경, 심지어 타이어와 같은 상품에 대한 할인 정보를 운전자에게 보내는 데 사용될 수 있다.

② 재고 추적 및 배송 관리

온라인 및 오프라인에서는 사물인터넷을 통해 수요에 따라 로봇을 통해 효율적인 재고 관리가 가능하다. 사물인터넷 시스템을 통해 판매량을 실시간으로 모니터링하여 최적의 재고를 파악하고 판매 손실을 줄일 수 있다. 대표적인 사물인터넷 기술인 RFID(Radio-Frequency Identification)를 통해 재고 관리를 보다 정밀하게 할 수 있다.

RFID 태그, 사물인터넷 센서와 기타 칩 등의 기술은 실시간 재고 관리를 현실화하고 화물의 창고 출입을 간소화한다. 사물인터넷 설비는 재고의 추적과 모니터링을 개선하여, 이 임무에 필요한 다운타임 및 프로세스에서 발생할 수 있는 사람들을 감소시켰다.

또한 사물인터넷은 GPS와 RFID 기술을 사용함으로써 운송 중 물품을 추적하여 화물이 이동할 때 분실될 위험이 없도록 한다. 사물인터넷 설비는 프로세스의 각 단계마다 운전자, 날씨, 온도 등의 정보 외에 위치 정보도 제공된다. 아울러 선적의 속도와 노선을 관리하고 도착 시간을 예측하여 화물이 분실되거나 잘못된 곳에 놓이지 않도록 할 수 있다. 즉, RFID 태그 및 GPS 기술은 원활한 공급망 관리에 도움을 주며, 상품 추적 외에도 즉각적인 모니터링, 의사 결정 및 정확한 제품 관리에 역시 도움을 준다.

배달 트럭에 센서 장착 가능· 배달 상황을 실시간으로 모니터링하여 손실을 줄이는 데 사용된다. 고객은 또한 그 소포의 상태에 대한 주의 통지를 받게 되는데, 이는 역으로 고객 인도의 체험을 향상시킨다. 이러한 방식으로 고객은 주문 상태를 걱정하거나 도착 시 수령을 놓치지 않아도 된다.

③ 효율적인 장비 유지·보수

사물인터넷은 에너지를 관리하고 장비 결함을 예측하거나, 그 밖에 다른 문제를 탐지하는 데에 유용하다. 예를 식료품 매장에서는 복잡한 시스템의 냉장

장치를 보유하고 있다. 이러한 장비에 사물인터넷 센서가 탑재된다면 전력 소비에 영향을 미칠 수 있는 유지·보수 문제를 예측하여 과도한 전력 소비를 줄이고 냉장창고나 트럭의 온도 변화를 모니터링하여 식품을 안전하게 보존할 수 있다.

④ 커넥티드 컨슈머Connected Consumers

모바일 기기가 발달하면서 소비자들은 간편하게 집에서도 모바일 기기로 상품 가격과 재고량을 확인할 수 있다. 여기에 사물인터넷 기술을 접목시켜 각 온라인 매장의 상황에 맞게 고객 맞춤형 프로모션을 실시하거나 혹은 위치 기반 서비스를 통해 거주지, 주요 소비 지역, 소비 성향 등 고객을 다각도로 분석해 타겟을 세분화, 집중 공략한다. 과거에는 프로모션 메시지를 전체 발송하여 그 중 일부라도 홍보되는 것이 목표였지만, 사물인터넷을 통해 소비자의 소비 성향 및 관심사를 파악함으로써 선제적으로 대응할 수 있다.

사물인터넷은 전자상거래 마케팅 캠페인을 개인화하여 방문자 참여 빈도수와 클릭 횟수 및 수익을 높이는 동시에 고객에게 향상된 경험을 제공하는 것을 가능케 한다. 개인화된 경험을 소비자에게 제공함으로써, 소비자와 판매자 사이의 관계를 확대하는 데 도움이 된다. 판매자는 사물인터넷 장치 간에 고객과 교환된 데이터로부터 정보를 얻음으로써 더 많은 고객을 유치하게끔 하고, 구매 결정을 좌우할 수 있다. 또한, 선택한 고객에게 맞춤형 솔루션을 제공하여 적은 노력으로 더 높은 가치를 제공하고 사용자의 요구에 대한 관심을 전달할 수 있다.

2.4_무인운송수단과의 융합

전자상거래에서 물류 배송과 재고 관리는 매우 중요하다. 물류의 가장 기본적인 활동은 수송 또는 운송으로 생산자와 소비자 간의 시간적, 공간적 장애를 해결하여 상품의 가치를 올리는 활동이다. 즉, 필요한 물품을 필요한 장소, 필요한 시기에 적정 가격으로 적정 조건하에 배달하는 것이 물류 배송의 기본 목표이다.

그런데 전자상거래 시장의 출혈 경쟁이 심화되면서 기업은 물류비용(운송, 마케팅, 재고 등)을 보다 절감하는 노력을 한다. 이를 위한 대표적인 전략이 공급사슬관리SCM과 RFID 기술이다. 공급사슬관리는 물류 단계별로 재화의 이동 정보를 신속하게 파악하고 대처하기 위한 기술로, RFID 기술을 이용해 배송정보 추적과 신속한 배송, 판매량 분석과 수요 예측, 적정 수준의 재고 관리 등 가치사슬 모든 단계의 조정 관리를 통해 전체적인 비용 절감을 달성할 수 있다. 특히 재고 관리의 기본적인 목적은 적시에 적정한 재고를 유지시킴으로써 고객 서비스 수준을 최대로 하는 동시에 재고 관리 비용을 최소화하는 데 있다.

이를 달성하기 위해 물류 모든 단계에서의 스마트화가 필요하며, 글로벌 전자상거래 기업들은 각 단계에 맞는 무인운송 기술 개발을 위한 투자를 공격적으로 확대하고 있고, 재화가 생산되어 소비자에게 전달되는 물류의 모든 단계(재고→도매→소매)에서 무인운송 기술과의 접목이 활발히 이뤄지고 있다.

각 기업들은 위와 같은 다양한 배송 관련 니즈를 만족시키고 배송 지역의 광대화에 따른 비용·시간 절감을 위해 무인운송수단을 실무에 배치하고 더 다양한 무인운송수단을 도입하기 위한 노력을 기울이고 있다.

온라인 사업의 팽창에 따른 배송 요구 증대 및 소비자 니즈의 다양화는 무인운송수단에 대한 수요를 더욱 증대시키고 있고 기업들은 이러한 수요를 충족시킬 뿐 아니라, 지금까지의 불만사항을 해소하기 위해서 무인운송수단의 도입을 더욱 가속화할 것으로 기대한다.

가) 무인운송수단 개요

무인운송수단Unmanned Transportation이란 사람이 기체에 타지 않고 원격 조종으로 동작이 가능한 이동체 또는 외부환경을 인식하여 스스로 상황판단 후 이동하는 이동체를 의미한다. 이러한 이동체로는 최근에 가장 많이 알려진 드론뿐만 아니라 자율주행이 가능한 자동차와 트럭, 항공기, 보트 등을 포함한 다양한 무인운송수단이 개발·이용되고 있다.

IT & Future Strategy 보고서에 따르면 자율주행운송수단의 발전은 '소유하는 제품'이라는 인식을 '소비하는 서비스'로 변화시킬 것이라고 한다. 산업의 범주 역시 자동차 회사와 같은 운송수단 제조의 개념을 탈피하여 로봇으로 고도화되어 ICT 기업과 자동차 기업 간에 수평적 협력이 필요할 것이라고 예측하였다.

물류 배송 시스템에 대해서는 동적 배송Dynamic Delivery 서비스로 전환될 것이라고 예측하였다. 현재의 물류 배송 시스템이 공급망 전반에 걸친 관계 체계의 미비로 인해 배송 시간 지연 및 품질 저하가 발생하기 쉬웠지만 무인운송수단 도입으로 인해 공급망 전반에 걸친 유기적 정보 공유가 가능하게 되어 이러한 문제가 해결될 수 있다는 것이다.

특히 드론 배송과 같은 신기술을 도입하면서도 기존의 유인 배송을 유지하여 소비자의 선택에 따라 다양한 운송 형태를 제시하는 것 역시 가능하다. 예를 들어 1시간 이내 초특급 프리미엄 배송(드론), 일반 배송(자율주행택배차량), 귀중품 배송(택배 기사) 및 결합형 배송 등 수요자의 니즈에 따른 동적인 배송 서비스를 제공할 수 있다.

나) 무인운송수단의 주요 유형

① 자율주행차량

자율주행차의 발전은 로봇과 인공지능의 발전과 그 궤를 같이한다. 2010년대에 들어 인공지능 분야에서 딥러닝 소프트웨어의 등장은 그간 영화나 소설 속에만 가능했던 기술적 장벽을 무너뜨리고 자율주행차의 본격적인 실현 가능성을 현격하게 높였다. 왜냐하면 닫힌 환경인 공장이나 광활한 공중에서 운영되는 다른 무인운송수단에 비해, 수많은 이동수단과 인간들이 움직이는 도로라는 공간은 혼란스럽고 예측이 불가능한 수많은 변수를 발생시키는 공간이기 때문에, 낯선 상황에 대해 즉각 대처할 정도의 인공지능 수준이 올라오지 않는 상태에서의 자율주행차는 의미가 크지 않기 때문이다.

현재 딥러닝 개발을 선도하고 있는 구글이 자율주행차 개발에서 선도적 위치를 차지하고 있다. 자율주행차는 자동차 산업과 IT산업이 새롭게 결합하는 지점으로 구글과 포드, 볼보와 마이크로소프트, GM과 리프트Lyft 등이 협력관계를 형성하고 있고, 앞으로 하드웨어 회사와 소프트웨어 회사 중 어느 쪽이 개발의 주도권을 가지는지 경쟁이 심화될 것으로 전망된다.

② 드론

드론Drone은 무인비행기를 지칭하는 용어로 1935년 영 해군이 개발한 무인표적기인 퀸비Queen Bee에서 개발 아이디어를 차용한 미 해군의 페르니 중령이 오마주로 사용하면서 유래한 것으로 알려져 있다. 유래에서 추정 가능한 것처럼 드론은 군사용 도구로서 출발했으나 현재는 상업용, 건설용, 취미용, 보안용 등 다양한 분야로 확대해 가는 추세이다. 초기에는 무선으로 조종한다는 의미에 불과했으나, 지금은 다양한 센서를 통한 자율성, 다중의 로터(회전날개) 장착을 통한 운동제어성 등이 추가되었다. 특히 센서의 기능은 자율비행, 상황인식, 정보 수집 등에 핵심 기능으로서, 현재 카메라, 레이저, 초음파 등을 통해 주변 환경을 3차원으로 인식하고 장해물을 감지하고 회피하는 기술이 지속적으로 개발 중에 있다.

드론의 활용 용도는 '날다, 찍다, 운반하다, 지키다'라는 네 가지 움직임으로 요약할 수 있고, 이 네 가지 움직임을 기반으로 농업, 배송, 건설, 경비, 자산관리 등 각 산업별 시스템과의 연결성을 확장할 수 있다는 것이 매력적인 특징이다. 이 시장의 키플레이어는 1위 DJI(중)와 패럿(프), 마이크로드론스(독), 에어리얼트로닉스(네덜란드), 3D 로보틱스(미) 등 있다.

③ AGV

AGV(Automated Guided Vehicle)란 사람이 운전하지 않고 컴퓨터에 의해 자체의 동력으로 독립적으로 동작하고 정의된 경로에 따라 이동하는 운반차량을 말한다. 정의된 경로를 자동 유도 장치가 설치된 노선을 따라 주행하며, 충전식 배터리를 동력으로 한다. 자동 유도 방식으로는 마그네틱. 와이어, 레이저 등의 방식이 있다.

초기에는 제조 현장에서 자재 운송을 위해 출발하였으나, 물류창고, 컨테

이너 터미널 등으로 그 사용범위가 확대되어, 현재 스마트공장에서 반제품 및 완제품의 공정 간 이동, 물류창고에서의 제품 운반 등에 사용되며 산업 자동화의 필수 요소이다. 시장의 주요 업체로는 다이후쿠(일), JBT corporation(미), KION Group(독), KUKA(독), Toyota(일) 등이 있다.

[표 1.4] 무인운송수단의 장점과 단점

장점	단점
• 드론의 경우 환경친화적 • 트럭이나 기타 화석 연료에 의존하는 운송수단에 비해서 전기가 주된 원동력이기에 환경친화적인 운송수단으로 온실가스 배출량을 줄일 수 있다. • 효율적인 활용 • 인적, 시간적, 환경적으로 보다 효율적인 활용이 가능하다. 원격 혹은 인공지능으로 운용을 한다면 현재의 직접적인 운행 방법보다 비용 절감 등의 장점이 있다. • 접근성 • 사람이 접근하기 힘든 위험한 지역에 조종사 없이 접근이 가능하며 그로 인해 구호물자나 구조 활동 등이 가능하다.	• 짧은 운송 거리 • 드론을 통한 배송이 효과적으로 이뤄지기 위해서는 현재보다 창고가 훨씬 많아야 한다. 드론의 운송 거리가 짧고 배송할 수 있는 물건의 무게도 기존의 방식에 비해 훨씬 제한적이기 때문이다. • 악용 가능성 • 사람이 접근하기 힘든 위치로 이동을 할 수 있다는 크나큰 장점이 있지만 반대로 그 장점이 악용될 수 있는 위험성 또한 존재한다. 특히 최근 영상 촬영 기능까지 가능한 드론이 일반화됨으로써 드론 사용자들에 대한 확실한 교육과 관리가 필요하다. • 즉각적인 반응이 어렵다. • 직접 운용에 비해 즉각적인 반응이 어렵다는 단점이 있다.

다) 무인운송수단과 전자상거래 활용

무인운송수단 중 화물운송과 물류창고운송수단은 최근 전자상거래 분야에 적용되어 온라인 구매 확산에 큰 기여를 하고 있다. 이러한 무인운송수단의 상용화를 주도하여 가장 큰 사업적 성과를 내고 있는 기업은 이견의 여지가 없이 Amazon을 꼽을 수 있겠다. Amazon의 사례를 통해 무인운송수단이 전자상거래에 미친 영향에 대해 살펴보고자 한다.

유통업체들이 서비스 차별화를 위해 배송 품질에 관심을 보이면서 'Last Mile'이라는 개념이 부상했다. 이 용어는 '사형수가 집행장으로 걸어가는 마지막 길'에서 유래됐는데, 유통에선 제품이 목적지에 도착하기까지의 마지막 단계를 가리키는 단어로 사용되고 있다. 최종 배송 단계가 유통업체에겐 고객과의 마지막 접점이지만, 고객에겐 사용자 경험이 형성되는 첫 번째 단계로, 여기서 고객의 마음을 제대로 사로잡아야 한다는 절박감이 담겨있는 것이다. 이때 형성된 경험은 추후 해당 제품에 대한 고객 로열티 형성에 영향을 끼치기 때문에 유통업체에겐 마지막 기회인 것이다.

전자상거래의 발달로 온라인을 통해 제품을 구매하는 소비자들이 늘어나면서 Last Mile의 중요성은 날이 갈수록 높아지고 있다. 오프라인 매장에 비해 온라인 제품 판매의 경우 Last Mile이 소비자와 대면할 수 있는 유일한 단계이기 때문이다. 이 단계에서 소비자의 마음을 사로잡지 못한다면 소비자의 다음 구매는 경쟁업체의 앱을 통해 이뤄질 가능성이 높다. 이런 Last Mile 전쟁의 불을 당긴 곳이 미국의 전자상거래 기업 아마존이다. 그리고 월마트, 코스트코 등 아마존의 배송 혁신에 위협을 느낀 기존 대형 유통업체들이 이 전쟁에 참전하면서 경쟁은 그 어느 때보다 치열한 상황이다. 한국 역시 쿠팡의 로켓배송을 필두로 마켓컬리의 새벽배송 등이 연이어 성공을 거두면서 경쟁이 격화되고 있다. 이후 신세계와 롯데 등 유통 공룡들 역시 라스트 마일 전쟁에 참여하면서 경쟁이 심화되는 모양새다. Last Mile의 전쟁에서 승기를 차지하기 위해서는 주문에서부터 배송까지의 효율적 시간 줄이기 즉 물류 배송의 효율화와 자동화가 관건인데, 이를 위한 아마존의 핵심 역량을 무인운송 시스템과 관점에서 살펴보았다. 크게 물류 로봇 키바KIVA와 물류 대행 풀필먼트Fulfillment 서비스, 자율주행차와 자율주행 배달 로봇, 그리고 아마존 프라임 에어 서비스로 대변되는 드론, 이 세 가지를 꼽을 수 있겠다.

Walmart는 5천 곳이 넘는 촘촘한 오프라인 매장 수와 1백만 명에 달하는 직원 수를 앞세워 온라인 주문 시 인근 월마트 매장을 픽업 장소로 선택하면 3~5% 할인해주는 '클릭 앤 콜렉트' 서비스를 도입했다. 온라인 주문에 한해 직원이 추가 수당을 받고 퇴근길에 배달해주는 서비스도 있다. 더욱 획기적인 시도는 2017년 9월부터 신선식품을 고객 냉장고에 직접 넣어주는 인홈in-home 배송 서비스인데, 이는 아마존보다 더 빨랐다.

대표적인 무인운송수단 중에서 전자상거래에 적용되고 있는 것은 드론이다. 법률적 규제 외에도 여러 산업 분야가 얽혀 있는 드론 배송 분야는 실현되기는 다소 문제가 있지만 실현이 된다면 높은 수준의 편리성을 가져다줄 것으로 기대되는 분야이다. 또한, 이는 더 나아가 전자상거래 시장의 범위를 확대하고 규모를 넓히는 데 크게 기여할 것으로 예상된다.

2016년 글로벌 전자상거래의 대표 주자인 아마존은 드론을 통해 세계 최초로 제품 배송 서비스를 실행했던 바 있으며, 드론을 통한 일반적인 항공 운송까지도 미래 기술에 기대되고 있다. 이러한 사물인터넷의 미래 활용 분야가 예상되는 만큼, 기술이 상용화됨에 따라 전 세계의 다른 많은 전자상거래 브랜드는 빠른 시일 안에 드론과 비슷한 장치로 제품 배송을 테스트하고 적용시키는 양상을 보일 것이다.

이와 관련하여, 규제 문제, 자본 비용, 추가 인건비 그리고 어린이나 동물들에 피해를 줄 수 있는 부분 등의 많은 과제에 대해 연구가 이루어지고 있으며,

이러한 문제를 극복되고 나서는 판매자가 보낸 상품을 소비자가 추적 가능한 무인 드론을 통해 제품을 받아보는 모습을 기대해 볼 수 있다.

무인운송수단의 발전은 배송 시간과 비용을 급진적으로 절감하는 것을 통해 오프라인 업체 대비 온라인 업체들이 경쟁 우위를 확보할 수 있게 해주며, 오프라인 구매에서 온라인 구매로의 전환이 급격한 속도로 이루어질 것을 시사한다. 결국, 아마존을 비롯한 국내의 쿠팡과 같은 대표적인 온라인 기반 유통 기업들이 꿈꾸는 미래는 무인 택배함을 갖춘 자율주행차량의 배송, 소형 로봇을 통한 집 앞 즉시 배송, 하늘길을 통한 드론의 장거리, 도서 지역의 빠른 무인화 배송일 것이다.

제2장

전자상거래 이해

1990년대 인터넷의 급격한 성장과 함께 성장한 전자상거래는 온라인, 모바일, 소셜 네트워크 등을 거치며 ICT의 발전과 함께 지속적인 발전과 확장을 해오고 있다.

전자상거래란 비즈니스 거래를 수행하기 위하여 인터넷과 웹을 사용하는 디지털 기술을 통한 거래를 나타낸다. 작게는 기업의 인터넷이나 네트워크를 통한 상품의 구매와 판매를 나타내고 넓게는 사이버 공간에서 일어나는 모든 상거래 행위와 이와 관련된 정보의 공유와 검색, 의사 결정 과정 지원 등 상거래를 보다 효율적으로 수행할 수 있도록 지원하는 활동을 나타낸다. 다시 말하면, 온라인 네트워크를 통하여 재화나 서비스를 사고파는 모든 형태의 거래를 말한다. 가계, 기업, 정부, 금융기관 등 경제주체 간에 상품과 서비스를 교환하는 데 전자적인 매체, 주로 인터넷을 활용하는 것을 전자상거래라고 할 수 있다.

1. 전자상거래의 개요

인터넷을 기반으로 한 전자상거래는 최근 빠르게 발전하고 있는 정보 기술을 활용하여 원료 조달, 생산, 마케팅 등의 수직적 압축과 원활한 정보의 흐름과 빠른 의사 결정 및 신속한 구현 등의 수평적 압축을 가능하게 하고, 이는 거래 상대방 간의 비즈니스 관계를 증진시키고 비즈니스 방식을 재창조하고 있다. 또 비용 효율 재고와 고객 만족 등을 통해 기업과 산업의 이윤을 극대화하고 경제적 효율을 창조하고 있다.

전자상거래란 사람과 사람 또는 기업 간에 물리적인 매체의 전달을 통해 상품을 사고파는 전통적인 상거래와는 달리 컴퓨터와 네트워크 등 전자적인 매체를 통해 상품과 서비스를 사고파는 행위를 말한다. 즉 기업, 개인, 정부 간의 상품 및 서비스 거래에 필요한 모든 정보를 컴퓨터 및 통신망을 이용하여 교환하고 거래하는 방식이다.

좀 더 구체적으로 설명하면 다음과 같이 세 가지 측면에서 전자상거래를 설명할 수 있다.

첫째, 커뮤니케이션 관점에서의 전자상거래는 정보의 전달, 상품과 서비스의 주문, 배달, 그리고 지불까지의 과정이 네트워크나 무선 통신 수단 등 다른 매체를 이용하여 전자적으로 이루어지는 거래 활동이다.

둘째, 비즈니스 프로세스 관점에서의 전자상거래는 기존의 상거래와 업무처리 과정을 자동화하여 사람의 개입을 최소화하고 정확성과 신속성, 효율성을 높이는 것을 목표로 하고 있다.

셋째, 서비스 측면에서의 전자상거래는 위의 두 가지 특성을 최대한 활용하여 중간 유통 마진을 최소화하고 고객에게 보다 저렴한 가격과 높은 품질의 서비스를 제공하는 것을 추구한다.

이처럼 바라보는 관점에 따라서 전자상거래는 여러 가지로 정의될 수 있으며 보다 광의의 전자상거래는 새로운 비즈니스 기회의 창출과 개발, 이를 통한 부가가치의 극대화의 수단으로 정의할 수 있다.

전자상거래는 기업, 정부와 같은 독립된 조직 간business-to-business 혹은 조직과 개인 간business-to-consumer에 다양한 전자적인 매체를 이용하여 상품이나 서비스를 교환하는 방식을 말한다. 또는 네트워크상에서 기업 간이나, 기업과 개인 및 정부 간에 이루어지는 다양한 거래를 의미한다.

정보 기술의 통합적 활용은 전자상거래의 활용 영역을 넓히고 있다. 즉 제조업체는 물론 서비스업종 즉 금융, 교육, 유통 등과 행정기관 등에 다양하고도 광범위하게 확산되고 있는데 정부의 대국민 서비스 개선 및 행정 효율 재고와 기업경영 효율 제고를 통한 경쟁력 강화에 전자상거래의 활용은 중요한 요소로 등장하고 있다.

전자상거래에 대한 정의는 공식적으로 통일된 바 없이 여러 가지 관점에서 다양하게 내려지고 있으나, 일반적으로는 기업, 정부 기관과 같은 독립된 조직 혹은 개인 등의 거래 주체 간에 다양한 전자적인 모델을 이용하여 상품이나 서비스를 교환하는 방식을 말한다. 이는 특정 제품과 서비스가 생산되어 고객에 전달되기까지의 전 과정에 현대의 정보 기술을 접목시킨 새로운 형태의 상거래 시스템으로, 인터넷, EDI(Electronic Data Interchange), e−mail 등 다양한 정보 기술을 통합하여, 비즈니스와 관련된 각종 정보를 고객으로 전달함으로써 궁극적으로 기업이윤을 극대화할 수 있다.

전자상거래는 일반적으로 전자적 방식을 이용하여 가상공간상에서 이루어지는 거래 행위라고 정의된다. 즉, 전자상거래는 전자문서교환, 이미지 처리, 바코드, 전자우편, PC통신, 전자자금 이체, 전자화폐, 통신망을 이용한 가상기업 등을 통한 일반적인 거래 활동을 의미한다. 나아가 기업, 정부 기관과 같은 독립된 조직 간 또는 조직과 개인 간에 다양한 전자적 매체를 이용하여 상품이나 서비스를 교환하는 방식이라고 정의되기도 한다. OECD에서는 문자, 소리, 이미지를 포함하여 디지털화 한 정보의 전송, 처리에 기초하여 이루어지는 모든 형태의 상업적 거래라고 정의한다. 그러나 1990년대 중반 이후 인터넷의 등장으로 인터넷을 이용한 전자상거래가 폭발적으로 성장하였기 때문에 사실상 인터넷을 이용한 전자상거래 개념이 일반인들이 이해하는 전자상거래라 할 수 있다.

전자상거래Electric Commerce라는 용어는 1989년 미국 국립 로렌스 리버모어 연구소가 국방성의 프로젝트를 수행하면서 처음 사용하였으며, 인터넷과는 별도의 영역으로 종이 문서를 필요로 하지 않는 거래 환경을 조성한 것이 시작이었다. 초기에는 주로 기업 간 거래에 한정되어 사용되었으나 1993년 월드와이드웹WorldWideWeb, 즉, 웹 기술이 출현하여 인터넷이 확산 기업 간 거래뿐만 아니라 기업과 소비자 간의 거래로 그 적용 범위가 넓어지고 있다. 이에 전자상거래의 개념은 다음과 같이 3가지 분야로 논의될 수 있다.

첫째, 전자상거래는 전자문서교환Electronic Data Interchange : EDI 분야에서 국제간 또는 국내 기업 간의 컴퓨터 통신을 통하여 표준화된 거래문서를 전자적으로 상호 교환하는 방식으로 과거부터 인터넷과는 무관하게 추진되어 온 기업간 상거래 활동이다.

둘째, 전자상거래는 미국의 정보 시스템인 CALS의 활용을 촉진하고 그 기능을 확대시키는 촉매제 역할을 하고 있으며, 광속 교역Commerce At Light Speed : CALS이라고도 한다. CALS란 제품의 설계, 개발, 생산에서 유통, 폐기에 이르기까지 수명 주기 전반에 관련된 데이터를 통합, 공유, 교환하여 비용 절감과 생산성 향상을 추구하는 정보 체제를 의미한다.

셋째, 전자상거래는 가상 영업의 형태로서 인터넷에 홈페이지, 가상 상점 Virtual Shopping Mail 등을 개설하여 일반 소비자를 대상으로 마케팅, 판매 활동을 수행하는 것을 말하며 사이버 비즈니스Cyber Business라고도 불린다. 일반적인 전자상거래는 사이버 비즈니스를 말하며, 광의의 전자상거래는 EDI, CALS, Cyber Business 모두를 포함한다.

전자상거래 초기(발명 단계), 2001 ~ 2006년 기간(통합 단계) 및 오늘날 전자상거래(재발명 단계)의 주요 차이점은 다음과 같다.

- 발명 단계에서 전자상거래는 주로 기술 중심이었다. 통합 단계에서는 주로 비즈니스 중심이었다. 오늘의 전자상거래는 여전히 비즈니스 중심이지만, 청중, 고객 및 커뮤니티 중심이며 모바일 기술에 의해 활성화되고 있다.

- 발명 단계에서 회사는 매출 성장에 중점을 두어 높은 시장 가시성과 시장 점유율을 빠르게 달성했다. 연결 단계에서 수익성 있는 회사를 구축하는 데 중점을 두었다. 오늘날에는 청중과 소셜 네트워크 성장이 강조되고 있다.

- 발명 단계 동안의 스타트업은 벤처 자본가들에 의해 자금을 조달 받는 반

면, 통합 단계에서 스타트업은 주로 전통적인 방법으로 자금을 조달했다. 오늘날 벤처 캐피탈 리스트는 소규모 투자에도 불구하고 스타트업에 자금을 지원하고 있다. 또한 많은 대형 온라인 회사가 현재 시장에 진입하고 있으며 인수를 통해 초기 단계의 회사를 인수하고 있다.

• 발명 단계에서 전자상거래는 대부분 중단되지 않았다. 통합 단계에서 전 세계 정부의 규제 및 정부 통제 규모가 증가했다. 오늘날에는 광범위한 정부 규제와 감시가 있다.

• 전자상거래의 발명 단계는 젊은 기업가 정신이 특징이었다. 통합 단계에서 전자상거래는 주로 소매 업체가 주도했다. 오늘날, 기업가 사회 및 지역 회사가 중요한 역할을 하고 있다.

• 본 발명의 단계는 전통적인 분배 채널을 해체하고 기존 채널을 중개하는 것을 강조하는 것을 특징으로 한다. 통합 단계에서 중개자가 강화되었다. 오늘날 대기업의 비즈니스 프로세스를 임대하는 소규모 온라인 중개인이 급증하고 있다.

• 소비자와의 직접적인 시장 관계, 중개자 감소 및 거래 비용 감소로 인해 치열한 경쟁과 브랜드 제거가 불완전한 시장으로 대체되고 있는 완벽한 시장. 불완전한 시장은 브랜드 이름의 중요성을 강화하고 정보 비대칭성, 가격 차별 및 네트워크 효과를 높이는 것이 특징이다.

• 전자상거래의 초기에는 순수한 온라인 비즈니스가 몰려들어 성공할 수 없는 최초의 이점을 얻을 수 있다고 생각했다. 통합 기간 동안 성공적인 회사는 온라인 상점과 실제 상점 및 인쇄 카탈로그와 같은 전통적인 판매 채널을 결합한 혼합된 "간이 클릭" 전략을 사용했다. 오늘날에는 새로운 시장에서 순수한 온라인 전략이 돌아왔으며 기존 소매 시장에서 브릭 및 클릭 전략이 계속 확장되었다.

• 전자상거래의 초기 단계는 첫 발동자가 지배했다. 통합 단계에서 전자상거래는 풍부한 경험과 경험을 갖춘 Fortune 500대 기업 및 기타 전통적인 회사가 주도했다. 오늘날 전통적인 웹 플레이어가 따라잡으면서 새로운 시장에서 선점한 자 우위가 회복되고 있다. Facebook은 훌륭한 온라인 사용자를 만들 수 있는 좋은 예이다.

2. 전자상거래의 특징

IT 발전과 함께 전자상거래의 보편화와 확산으로 경제 활동이 디지털화되며, 실물 경제와 디지털 경제가 경제 활동의 양대 축을 이루고 있다. 전자상거래는 정보 통신 기술과 정보 시스템 개발 기술의 발전으로 나타나는 새로운 사회제도이며 새로운 문화이다. 이에 따라 인간의 경제생활은 물론 의식 구조와 사회 구조에 변화를 나타내고 있다. 이처럼 인터넷을 이용한 전자상거래가 새로운 경제 활동이 됨에 따라 기업이나 소비자에게 많은 영향을 미치고 있다.

인터넷 등 전자적인 매체를 이용하는 전자상거래는 기존의 전통적 상거래 방식과 다음과 같은 차이점을 갖고 있다.

첫째, 유통 채널이 단순하다. 도매상과 소매점상을 거쳐 소비자에게 제품이 전달되는 기존의 상거래 시스템에 비해 인터넷 전자상거래는 도매상이나 소매상과 같은 중간 유통 채널을 생략하고 인터넷을 통해 직접 소비자에게 전달되기 때문에 유통 채널이 단순하다. 이러한 특징은 소비자에게 더 저렴한 가격으로 제품을 구입할 수 있다는 장점을 가진다.

둘째, 시간과 공간 제약이 없다. 인터넷은 24시간 접속이 가능하며, 전 세계와 연결되어 있어 제한된 영업시간 내에만 거래를 하는 기존의 상거래와는 달리 언제나 전 세계의 제품을 거래할 수 있다.

셋째, 물리적인 판매 거점이 없다. 기존의 상거래가 시장이나 상점 등 물리적인 공간 내에서 전시에 의한 판매를 하는 것에 비해, 인터넷 전자상거래는 네트워크를 통해 무한한 정보를 제공하며 정보에 의한 판매를 한다는 것이 특징이다.

넷째, 고객 정보의 수집이 용이하다. 마케팅 및 판매 과정에서 고객의 정보를 수집할 수 있으며, 시장 조사나 영업 사원을 통한 노력 없이 그 결과를 온라인으로 수시로 획득할 수 있다.

다섯째, 효율적인 마케팅 활동이 가능하다. 기존의 상거래 마케팅 활동은 소비자의 의사에 상관없이 기업에 의해 일방적으로 마케팅 활동이 이루어졌으나, 인터넷 전자상거래는 인터넷을 통해 소비자와 1대1 통신이 가능하기 때문에 소비자와의 상호작용적인 마케팅 활동이 가능하다.

여섯째, 고객 만족을 위한 신속한 대응이 가능하다. 전자상거래에서는 고객의 문의사항에 대해 실시간으로 대응할 수 있으며 고객 요구를 신속하게 파악하고 만족시킬 수 있다. 이에 반해 전통적인 상거래에서는 고객의 수요를 잘못 파악하기 쉬우며, 빠르게 대응하지 못해 고객의 불만을 초래할 수 있다.

마지막으로, 소액 자본으로도 사업을 전개할 수 있다. 전자상거래는 인터넷 서버 구입, 홈페이지 구축 등의 비용만 소요되기 때문에 토지나 건물 등의 거액의 자금이 필요한 기존의 상거래 방식에 비해 상대적으로 경제적이라 할 수 있다.

위에서 언급한 바와 같이, [표 2.1]은 전통적인 상거래와 전자상거래를 비교하였다.

[표 2.1] 전통적 상거래와 전자상거래 비교

구분	전통적인 상거래	전자상거래
유통 채널	기업 → 도매상 → 소매상 → 소비자	기업 ↔ 소비자
거래 대상 지역	일부 지역	전 세계
거래 시간	제약된 영업시간	24시간·7주·365일
판매 거점 및 방법	물리적 공간	사이버 공간
고객 수요 파악	영업 사원이 획득 재입력 필요	온라인으로 수시 획득 재입력 불필요
마케팅 활동	일반적 마케팅	1대1 상호작용적 마케팅
고객 대응	고객 니즈 포착의 어려움 고객 요구 대응 지연	고객 니즈의 신속한 파악 고객 요구 즉시 대응
필요 자본	거액의 자금 및 위험 부담	상대적으로 적은 비용

전자상거래는 기업 측면이나 소비자 측면에 다양한 긍정적인 특성을 제공하고 있는데 다음과 같다.

먼저, 기업의 측면에 있어서 긍정적인 특성은 다음과 같다.

• 전자상거래는 시간적, 공간적인 제약에서 자유롭다. 즉, 영업시간의 제약이 없어짐으로써 24시간 고객과의 거래가 가능하고, 지역적인 공간 제약이 없어 전국, 전 세계를 시장으로 마케팅이 가능하다.

• 가격 경쟁력을 제고시킨다. 즉, 이는 소비자를 직접 상대할 수 있으므로 도매점, 소매점 등의 여러 단계의 중간 유통 단계를 줄여 비용을 절감함으로써 마진이 늘어나 보다 시장 경쟁력을 높일 수 있다.

• 효율적인 마케팅 및 서비스 제공이 가능하다. 즉, 전자상거래는 디지털 문서 교환이 가능하므로 구매자 또는 회원의 정보가 자사의 컴퓨터 DB로 구축된다. 구매자의 구매 취향을 DB 정보로 분류하여 고객이 흥미를 가질 만한 제품 정보를 지속적으로 공급하여 구매를 유도할 수 있다. 이를 통한 광고비 절감 혹은 광고비 대비 높은 구매 효과를 얻을 수 있는 특징이 있다. 또한 인터넷을 통한 즉각적인 대응이 가능하므로 고객 서비스 측면에서 보다 더 나은 서비스 제공이 가능하다.

• 고정 운영비와 간접 비용이 줄어든다. 인터넷 전자상거래는 무점포, 무종업원이 특징이다. 즉, 제품 판매를 위한 매장 확보, 임대 비용과 종업원 고용 비용이 줄어든다.

소비자의 측면에서 긍정적인 특성으로는 다음과 같다.

- 충분한 제품 정보 파악으로 비교 구매가 가능하다. 많은 인터넷 쇼핑몰을 두루 방문하여 동종 제품의 정보를 파악, 비교하고 자신에게 맞는 경제적인 제품을 선택할 수 있으며 충동구매를 피할 수 있다.

- 시간적 제약이 없다. 전자상거래에서는 24시간 제품 구매가 가능하므로 쇼핑을 위하여 바쁜 낮 시간을 할애하지 않아도 물건을 구매할 수 있다.

- 추가정보 입수가 용이하다. 가상 쇼핑몰에 회원 가입을 하거나 물건을 구입한 경험이 있다면 희망하는 분야의 정보를 수시로 받을 수 있으며, 신제품의 정보를 빠르게 얻을 수 있어 제품에 대한 정보를 축적할 수 있다.

- 저렴한 가격으로 제품을 구매한다. 단순한 유통으로 생산자와 직거래함으로써 보다 저렴한 가격으로 구매가 가능하고, 제품에 대한 이의제기나 서비스 측면에서 보다 빠르고 편리하다.

기술적으로 네트워크나 통신 측면에서 인터넷이나 모바일 단말기 등을 이용하는 전자상거래는 다음과 같은 특징을 가지고 있다.

편재성Ubiquity

시간과 장소에 구애받지 않는 인터넷/웹 기술의 가용성을 나타낸다. 이는 시간적 및 지리적 기반이 사라진 마켓플레이스Marketplace를 의미하고, 고객의 편의성 향상과 구매 비용의 감소를 가져온다. 전자상거래는 언제 어디에서나 사용 가능하므로 컴퓨터, 휴대폰 등 인터넷에 연결할 수 있는 모든 곳에서 사용할 수 있습니다.

범세계적 도달 범위Global Reach

전자상거래가 국가적 문화적 경계를 넘어 끊임과 변경 없이 이루어진다. 전자상거래가 전통적인 상거래에서보다 훨씬 편리하고 비용 효율적으로 문화적, 국가적 경계를 넘나들도록 허용하는 세계적 범위를 갖추고 있다.

국제 표준Internet standards

개별적 컴퓨터가 다른 컴퓨터와 쉽게 연결 가능하며, 낮은 시장 진입 비용 및 고객의 탐색 비용의 감소를 가져온다. 그러나 전 세계 모든 국가가 공유하는 보편적인 표준에 따라 운영되는 반면, 대부분의 전통적인 상거래 기술은 국가마다 다르다.

풍부성Richness

다양한 매체의 정보, 텍스트, 오디오, 비디오와 같은 다양한 메시지를 광범위한 사람들에게 제공하며, 비디오, 오디오, 텍스트 마케팅 메시지는 단일 마케팅 메시지와 고객의 경험으로 통합한다. 다시 말하면, 정보가 풍부하여 온라인 상인이 라디오, 텔레비전 또는 잡지와 같은 전통적인 상거래 기술로는 불가능한 방식으로 텍스트, 비디오 및 오디오로 수백만의 복잡하고 풍부한 마케팅 메시지를 관객에게 전달할 수 있다.

사용자와의 상호작용성Interaction

개별 고객에 맞는 경험을 제공하기 위해 대화에 참여하며, 상품을 시장에 전달하는 과정에서 고객도 참여자가 된다. 대화식으로, 이는 판매자와 소비자 간의 양방향 통신을 가능하게 하며 판매자가 대면 경험과 유사하지만 훨씬 더 큰 규모로 소비자를 참여시킬 수 있게 한다.

정보밀집도Information Density

정보밀집도의 증가는 모든 시장 참여자에 가용한 정보의 양과 질적 측면에서의 증가를 나타낸다. 또한 제품과 서비스 등의 가격 투명성 및 비용 투명성이 증가한다. 이를 기반으로 판매자로 하여금 가격 차별화에 참여를 유도한다.

개인화Personalization

고객에 따른 메시지의 수정을 가능하게 하는 기술이며, 그룹 및 집단에게 개인화된 메시지 전달이 가능하다. 또한 상품과 서비스는 개인별 선호에 따라 개인화 및 고객화를 한다. 즉, 개인화 및 사용자 정의가 가능하다. 판매자는 개인의 이름, 관심사 및 과거 구매에 맞게 조정하여 특정 개인에게 마케팅 메시지를 타겟팅할 수 있다.

소셜 기술Social Technology

사용자 콘텐츠 생성 및 소셜 네트워킹 관련 기술을 활용하며, 새로운 인터넷 소셜 비즈니스 모델은 사용자 기반의 콘텐츠 생성과 배포를 가능하게 하고 소셜 네트워크를 지원한다.

3. 전자상거래의 진화

전자상거래는 IT의 발전과 함께 지속적으로 진화하고 있다. 초기 전자상거래는 PC를 활용한 인터넷 기반의 전자상거래였고, 이후 2000년대에 휴대폰의 확대와 함께 모바일 커머스로 진화가 되었으며, 이후 2010년대에 소셜 네트워크 서비스Social Network Service 등 소셜 미디어의 확산과 PC, 휴대 단말기 등에서 활용이 확대되면서 소셜 커머스로 다시 진화하였다.

[그림 2.1]은 전자상거래의 범위를 나타내는데, 전자상거래 내에서 모자일 커머스와 소셜 커머스는 단말기를 사용한다는 측면에서 일부가 중복된다는 것을 보여준다.

모바일 커머스는 무선인터넷상의 온라인상거래Online Trading인데 전자상거래와 비교하여 말한다면 모바일 전자상거래라 말할 수 있다. 이는 휴대폰을 이용하여 디지털 상품이나 물리적 상품의 쇼핑을 수행하는 모바일 기업과 소비자 간 전자상거래의 비즈니스 모델이다. 이러한 모델은 구매를 위한 대금 결제의 수단이 동반되어야 하는데 이를 위하여 신용카드 결제, 이동통신사가 제공하는 은행 계좌와 연결된 가상 구좌 결제, 그리고 전화 요금에 과금되는 소액 결

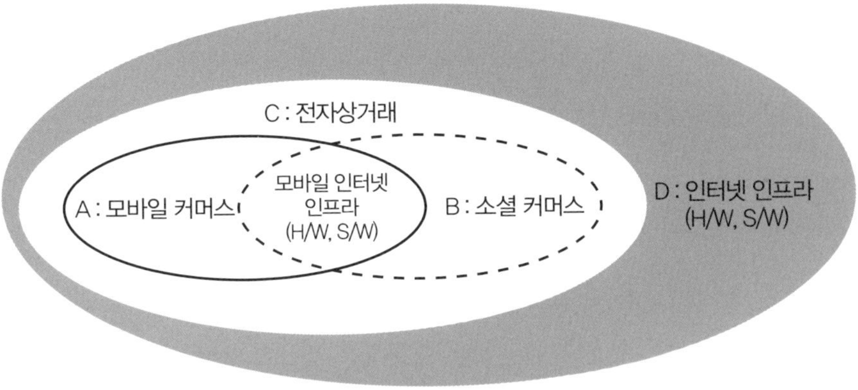

A : 비즈니스 (협의의 m커머스는 이에 포함된다)
A + B : 광의의 모바일 비즈니스
A + B + C : 기술 인프라 산업을 포함한 모바일 비즈니스

[그림 2.1] 전자상거래의 범위

제 등의 결제 서비스 기능을 이용한다. 그러나 모바일 광고(SMS와 같은 단문 메시지 광고 포함), 모바일 뱅킹(모바일 계좌 이체, 조회 등) 등의 부분은 구매에 따른 결제를 요구하는 경우는 아니지만 거시적인 관점으로 모바일 커머스 범주에 포함할 수도 있다 모바일 비즈니스 모델로는 모바일 B2C, 모바일 B2B, 모바일 G2B, 모바일 G2C 등 기존의 전자상거래 모델들이 모두 가능하다.

이에 비해 소셜 커머스는 실시간 구매 및 정보 교환의 환경 속에서 PC를 기반으로 하고 있던 기존의 서비스에서 모바일 소셜 네트워크와 결합하면서 실시간성과 확산성을 토대로 상당한 성장을 하고 있어 주요 키워드로 인식되고 있다. 이는 일반적으로 상거래가 이루어지는 마켓플레이스에 국한되지 않고 소셜 웹·앱으로 확장되고 있기 때문이다. 심지어 모바일 단말기와 위치 기반 서비스를 결합시켜 오프라인까지도 서비스의 영역이 미치고 있어 향후 소셜 커머스의 트렌드는 실시간 구매 및 정보 교환의 환경 속에서 더욱 성장할 것이라는 전망이다. 대표적인 SNS(Social Network Service)로써 페이스북의 경우 SNS를 커머스 플랫폼으로 활용하여 전자상거래의 툴로 활용되고 있으며 모바일과 SNS를 결합한 위치 기반 커머스 플랫폼으로 나아가고 있다. 이러한 모바일 전자상거래에서는 SNS를 기반으로 하지만 상품등록, 장바구니 기능, 결제 모듈, 공동구매, 팬 할인 기능까지도 구현하여 서비스를 제공하고 있는 실정이다.

또한 큐레이션 서비스는 고객 맞춤형 상품을 제공해 모바일 기기의 한계인 많은 정보를 한번에 보여주거나 계속 검색하는 것이 어려운 것을 극복하려는 노력을 기울이고 있다. 이 서비스는 거의 모든 서비스 영역에서 관심을 갖고 제공하는 서비스이지만 특히 모바일에서 두각을 나타내고 있다.

3.1_모바일 커머스

가) 모바일 커머스 개요

모바일 커머스란 이동이 가능한 PC, 이동전화 등을 단말기로 하고 네트워크나 이동통신망을 활용하는 제반 활동 및 애플리케이션의 활용 또는 전자상거래의 이동전화로의 확장으로 볼 수 있다. 다시 말하면, 모바일 커머스란 이동통신 단말기, 노트북 등의 무선 단말기와 무선 네트워크 기술을 이용해 이루어지는 재화, 용역, 정보 등의 모든 전자상거래를 말한다.

기존의 B2C, B2B 등의 전자상거래가 무선 네트워크나 이동통신망을 통해 이루어지는 형태이며, 주요 범주로는 음악, 게임 등 엔터테인먼트Entertainment, 메시지, 이메일, 채팅 등 커뮤니케이션Communication, 정보Information, 은행 거래 등 거래Transaction이 포함된다.

모바일 커머스가 최근 매우 급격하고 성장하고 있다. 급격한 성장의 기반은 모바일 기기의 확산과 그 맥을 같이 한다. 모바일 커머스가 스마트폰의 대중화를 기반으로 폭발적 성장을 하고 있다. 스마트폰이 가지고 있는 여러 가지 장점이 이를 뒷받침하고 있는데 말 그대로 언제 어디서나 편리하게 검색하고 구매가 가능한 것이 가장 큰 이유라고 할 수 있다. 이는 기존 2000년대 초에 전자상거래가 발전하게 된 계기를 언제 어디서나 검색하고 구매가 가능하다는 점을 강조했던 것과 상당히 유사하지만 모바일의 전자상거래는 이러한 인식을 뛰어넘는 전자상거래로 진행하고 있다. 즉 기존의 전자상거래보다도 더욱 편리하게 거래가 가능하다는 점이 그것이다.

스마트폰 등의 모바일 기기의 이용자 수가 꾸준히 증가하고, 이용 목적도 검색, SNS 등에서 전자상거래로 확대되면서 모바일 쇼핑 시장 또한 확대되고 있다. 특히 소셜 커머스 업체, 오픈마켓, 종합 쇼핑몰, 인터넷 포털 등의 적극적인 마케팅으로 모바일 전자상거래 시장은 지속적으로 확대되고 있다.

모바일 커머스는 PC를 기반으로 하고 있는 상거래와 마찬가지로 전자적 수단에 의해서 이루어지는 상거래이다. 즉, 모바일 커머스란 이동전화와 인터넷이 결합되어 이루어지는 상거래를 의미한다고 할 수 있다.

그러나 모바일 커머스는 기존 PC 기반의 전자상거래와 달리 단순히 쇼핑몰을 통한 상거래가 아닌 SNS를 기반으로 하는 상거래가 보다 활성화되어 있는 것으로 보인다. 특히 국내 스마트폰의 보급률이 80% 이상으로 증가하면서 카카오톡이나 밴드 같은 개인 간 네트워크를 통한 전자상거래가 급속도로 성장하였다. 이와 같은 SNS 기반 전자상거래는 이미 대표적인 SNS 업체인 페이스북이 서비스 화면에 상품광고를 시행하고 있을 뿐만 아니라 타임라인 포스트에 '구매하기' 버튼까지 넣고 있어 향후 우리의 SNS 기반 모바일 커머스의 변화를 가늠할 수 있게 한다.

최근 모바일 커머스에 관한 트렌드를 정리해 보면, 메신저의 경우 스마트폰의 급격한 보급과 함께 공짜 문자 서비스를 제공하고 있는 카카오톡, 와츠앱, 밴드 등이 이제는 쇼핑, 게임, 금융, 커뮤니티 등 모든 인터넷 서비스를 제공하면서 기존 서비스 제공자들과의 경쟁에서 주도권을 잡아가고 있다.

이에 비해 소셜 미디어상의 소셜 커머스는 실시간 구매 및 정보 교환의 환경 속에서 PC를 기반으로 하고 있던 기존의 서비스에서 모바일 SNS와 결합하면서 실시간성과 확산성을 토대로 상당한 성장을 하고 있어 주요 키워드로 인식되고 있다. 이는 일반적으로 상거래가 이루어지는 마켓플레이스에 국한되지 않고 소셜 웹·앱으로 확장되고 있기 때문이다. 심지어 모바일 단말기와 위치 기반 서비스를 결합시켜 오프라인까지도 서비스의 영역이 미치고 있어 향후 소셜 커머스의 트렌드는 실시간 구매 및 정보 교환의 환경 속에서 더욱 성장할 것이라는 전망이다. 대표적인 SNS로써 페이스북의 경우 SNS를 커머스 플랫폼으로 활용하여 전자상거래의 툴로 활용되고 있으며 모바일과 SNS를 결합한 위치 기반 커머스 플랫폼으로 나아가고 있다. 이러한 모바일 커머스에서는 SNS를 기반으로 하지만 상품등록, 장바구니 기능, 결제 모듈, 공동구매, 팬 할인 기능까지도 구현하여 서비스를 제공하고 있는 실정이다.

또한 큐레이션 서비스는 고객 맞춤형 상품을 제공해 모바일 기기의 한계인 많은 정보를 한 번에 보여주거나 계속 검색하는 것이 어려운 것을 극복하려는 노력을 기울이고 있다. 이 서비스는 거의 모든 서비스 영역에서 관심을 갖고 제공하는 서비스이지만 특히 모바일에서 두각을 나타내고 있다.

나) 모바일 커머스의 특성

모바일 커머스는 일반적인 전자상거래와 다른 특성을 갖는데, 이를 상거래의 효율성과 효과성 측면으로 나누어 생각할 수 있으며, 또한 이들 특성이 가진 속성에 따라 시간, 공간, 관계로 나누어 생각할 수 있다. 모바일 커머스의 특성을 효율성과 효과성 측면으로 나누어 제시하면 다음과 같다.

① 효율성

- **신속 결제** : 소액 거래의 경우 이동전화 통신 요금에 부가 청구함으로써 별도의 신용카드 결제 없이 간편히 처리 가능하게 됨으로써 시간 측면에서 거래의 효율성이 증진되었다. 또한 애플페이, 삼성페이 등 휴대폰 결제의 등장으로 인하여 더욱 이동통신 기기를 통한 결제가 활성화되고 있다.
- **이동성 부여** : 제품 혹은 서비스의 사용을 이동 중에 항시 가능케 함으로써, 거래 공간의 측면에서 효율성이 높아졌다.
- **즉각적 반응성** : 제품·서비스의 공급자 측면에서 한정 판매와 같은 특정 시점에만 의미가 있는 오퍼Offer에 대하여 고객의 즉각적인 반응의 가능성이 높아짐으로써 고객과의 관계 측면에서 거래의 효율성이 제고되었다.

② 효과성

- **수요의 즉각적 충족** : 고객 측면에서 꽃 배달 서비스와 같이 긴급한 수요가 즉시 충족될 수 있도록 함에 따라, 거래의 효과성이 증진되었다.
- **위치 정보 활용** : 고객의 위치 정보를 활용할 수 있게 되었으며, 기업의 물류 측면에서도 운송자의 위치 정보를 간편히 활용할 수 있게 됨에 따라 거래

의 효과성이 높아졌다.

- **개인화된 서비스** : 일반적인 전자상거래를 생각할 때, 하나의 컴퓨터가 한 명의 고객과 대응되지는 않으며 또한 한 개의 사용자 ID는 해당되는 고객이 없을 수도 있고 다수일 수도 있다. 그러나 이와는 달리 하나의 이동통신 기기는 한 명의 고객을 의미하며, 따라서 고객과 기업 간의 일대일 연결이 가능케 되었다는 측면에서 거래의 효과성이 증대되었고, 고객 관계 관리CRM 등과 같은 기업 활동이 강화될 수 있다.

3.2_소셜 커머스

가) 4차 산업혁명의 핵심 기술

소셜 커머스란, 페이스북, 트위터 등과 같은 소셜 네트워크 서비스SNS : Social Network Service를 활용하여 이루어지는 전자상거래의 일종으로서, 일정한 수 이상의 구매자가 모이게 되면 할인가로 상품을 제공하는 판매 방식이라고 할 수 있다. 다른 말로 '소셜 쇼핑'이라고도 한다. 이 이름이 생겨나게 된 배경으로는, 상품의 구매를 희망하는 사람들이 공동구매자를 모아 할인을 받으려고 하는 과정에서 주로 소셜 네트워크 서비스를 사용했기 때문이다.

또한 소셜 커머스Social commerce라는 용어는 2005년 야후의 장바구니 공유 서비스인 '쇼퍼스피어'와 같은 사이트를 통하여 맨 처음 등장하였으며, 2008년 미국 시카고에서 설립된 온라인 할인쿠폰 업체 '그루폰'이 공동구매형 소셜 커머스의 비즈니스 모델을 처음 만들어 성공을 거두게 되면서 이후 본격적으로 대중들에게 알려지기 시작하였다. 특히나, 스마트폰 이용과 소셜 네트워크 서비스 이용이 대중화된 것이 가장 큰 기폭제가 되었다. 이들이 대중화가 되면서 소셜 커머스는 새로운 소비 시장으로 주목받게 되었다.

소셜 커머스 업체가 업로드한 상품은 대게 24시간 동안 판매가 이루어진다. 보통 50%에서 90%까지의 높은 할인율이 적용되어 판매되고 있다. 그러나 일정 수 이상의 소비자가 구매해야 한다는 조건이 붙는데, 예를 들자면 500명 이상이 제품을 구매할 경우 정가의 30%가 할인된다는 식의 조건이다.

소셜 커머스 업체가 판매하는 상품은 매우 다양하다. 공연, 레스토랑, 카페, 미용 관련 소규모 사업자의 상품이 대량 판매되지만 레저, 패션, 가전제품, 식품 등의 상품들까지도 판매되고 있다. 이런 높은 할인율이 제공되는 것은 판매업체가 싸게 많이 팔 수 있으며 뿐만 아니라 홍보 효과도 기대할 수 있기 때문이다. 일반적인 상품 판매는 광고와 마케팅 의존도가 높지만 소셜 커머스는 소비자들이 소셜 네트워크 서비스를 통하여 자발적으로 상품을 홍보하면서 구매자를 모으기 때문에 마케팅에 들어가는 비용이 거의 들지 않는다. 그런 이유로 일부 업체는 소셜 커머스 자체를 판매의 수단이 아니라 장기적인 고객을 확보하기 위한 홍보·마케팅의 수단으로 생각하기도 한다.

소셜 커머스는 크게 소셜 링크형, 소셜 웹형, 공동구매형, 오프라인 연동형의 네 가지로 분류할 수 있다. 2008년에 그루폰이 설립된 이후 전 세계적인 공동구매형 소셜 커머스 붐이 일어났다.

소셜 커머스는 공동구매 사이트들에 국한되지 않는다. 소셜 네트워크와 커머스 중 결합 주체가 무엇인지, 어떤 품목을 어느 공간에서 구매하는지, 소셜 네트워크가 커머스의 본질이든, 부분적으로만 적용되었는지도 상관없다. 노점상이 트위터로 자신의 이동 경로를 알리는 것이나, 소셜 네트워크로 제품을 홍보하는 것이나, 페이스북에 상점을 여는 것 모두 소셜 커머스라 할 수 있다.

현재 소셜 커머스 업계는 품질 경쟁이 아닌 가격 경쟁에 열을 올리는 모습으로 보인다. 그리고 이를 바라보는 사람들의 시선은 호의적이지 않다. 한 업체 관계자는 "소셜 커머스의 과열 경쟁이 값싼 제품만 파는 곳이라는 이미지를 부각시킬 수도 있다"고 설명했다. 하지만 요즘 소셜 커머스 업계의 브랜드 자산 혹은 브랜드 파워가 강하게 구축되고 있다. SNS 브랜드의 경우 적은 마케팅 비용을 들이고도 기존 고객을 유지하고 신규 고객을 계속 창출할 수 있다는 큰 장점을 지니고 있다.

또한 SNS는 빠르게 변화는 소비자들의 욕구를 감지할 수 있다. 즉 소비자는 가격이 저렴하고 품질이 좋은 제품에서 자신의 개성을 표현할 수 있는 제품, 자신만을 위한 제품을 원하게 되었는데 소셜 커머스 업체는 이를 빠르게 알아챌 수 있다. 뿐만 아니라 SNS의 도입은 고객의 욕구를 충족시키기 위한 기업의 제품 전략을 다시 변화시키고 있다. 고객의 욕구에 맞는 제품에 부가된 각종 서비스, 판매과정에서의 서비스, 판매 후 서비스를 제품과 함께 결합하여 개인적인 욕구를 충족시키고 있는 것이다.

SNS 은 정보를 유통시키는 매체라는 고유의 특성을 가지고 있는 만큼 기업은 이러한 SNS 특성에 맞는 제품 전략을 개발해야 할 것이다. 궁극적으로 SNS에서는 "고객 한 명을 위한 개인화 된 제품"을 제공하기 위해 노력하고 있는데, 단지 제품을 개인적인 선호에 맞게 공급하는 것이 아니라, 서비스를 포함하는 총체적인 제품을 개인별로 차별화시키고, 제품을 만드는 과정에서 개인이 직접 참여하여 스스로 만들어 가도록 하는 데서 그 의미를 찾을 수 있다.

이와 같이 소셜 커머스에서 소셜 마케팅에 대해 소비자들의 관심이 높아진 것은 자신들이 직접 참여할 수 있게 된 것이 바로 이유라고 생각한다. 소셜 커머스 마케팅에서 가장 많이 기용하는 것은 '입소문'이다. 초기 국내 소셜 커머스는 하루 동안 특정 상품을 50% 이하의 파격적인 가격으로 공동구매하는 형식이 대부분이었다. '몇 명 이상 모여야 가능'이란 조건이 걸려 있기 때문에 상품을 구매하려는 고객은 공동구매 인원을 채우기 위해서라도 이벤트 상품을 적극적으로 알리게 된 것이다. '입소문 마케팅' 구조는 소셜 커머스 마케팅의 핵심이었다. 그러나 이에 따른 부작용도 만만치 않았다. 수많은 업체가 생겨나고 없어지는 과정에서 소비자 피해 사례가 발생하기 때문이다. 이에 대한 미숙한 처리는 소비자들의 불신으로 이어졌고, 소셜 커머스가 생겨난 2010년 이후 시장에 뛰어든 소셜 커머스 업체들만 수백 개에 달했으나, 현재까지 유지하고 있는, 업체는 티몬, 쿠팡, 위메프 등 몇몇 업체가 시장 대부분을 주도하고 있다.

나) 소셜 커머스가 주목받는 이유

소셜 커머스는 단순히 엄청난 회원을 거느린 소셜 네트워크와 직간접적으로 제휴를 맺는 그 이상의 의미를 가진다. 소셜 커머스가 주목받는 이유는 다음과 같다.

사이트의 트래픽을 증가

커머스가 소셜 네트워크와 결합하면, 최대 수억 명에 이르는 소셜 네트워크의 회원들을 잠재 고객으로 확보를 할 수 있게 되는데, 소비자가 친구를 초대하고 그 친구가 또 다른 친구를 초대하는 과정을 통해 방문자가 늘어나게 된다. 뿐만 아니라, 소비자들이 소셜 네트워크에 남긴 커머스 사이트의 링크는 반영구적으로 보존이 되는데, 검색이나 새로 추가된 친구가 이 링크를 통해 지속적으로 방문하게 된다.

저비용 마케팅

커머스는 온라인 광고 시장에서 가장 많은 돈을 쓰는 업종으로 광고 의존도가 매우 높다. 하지만, 소셜 네트워크를 활용하면, 시간이나 인력을 제외하고는 사실상 거의 비용을 들이지 않고 판매 촉진이 가능하다. 사람이 본성으로 가지고 있는 사회성은 특별한 인센티브 없이도, 자신의 구매 경험에 대해 소셜 네트워크를 통해 친구들이나 다른 사람들과 공유하게 하는데, 그로 인해 구매자나 방문객이 입소문 마케터의 역할을 해 주게 된다.

구매 가능성 향상

구매 결정에 있어, 친구들의 추천은 전문가들보다도 큰 영향력을 발휘한다. 소셜 네트워크는 친구들의 추천 방식으로 제품을 홍보해 주기 때문에 제품을 판매할 가능성을 높여준다. 또한 친구들은 대개 같은 관심사를 갖는데, 친구들의 추천과 구매 정보가 제공된다면, 그만큼 본인이 원하는 제품을 빠르게 찾아낼 수 있어, 구매 결정이 쉬워질 수 있다.

제3장
전자상거래 유형 및 모델

1. 전자상거래의 유형

전자상거래 유형은 거래에 참여하는 주체나 판매 방식을 기준으로 분류할 수 있다. 전자상거래에 참여하는 주요 주체에는 일반 소비자, 기업, 정부 등이

[표 3.1] 전자상거래 유형

유형	주요 특징	사례
B2C (소비자 대상)	• 멀티미디어 카탈로그를 갖춘 가상 상점에서 소비자 대상으로 제품 판매 • 상호대화적 주문 처리 • 안전결제기능 • 온라인 고객 서비스	amazon.com interpark.com cjmall.com flower.co.kr ssg.com
B2B (기업 간)	• e-마켓플레이스에서 판매자와 구매자가 모여 거래 수행 • 기업 간 직거래 장터 • 인터넷·엑스트라넷을 통해 고객·공급사와 데이터 교환	b2bauction.co.kr(축산물) buildersnet.co.kr(건설) electropia.co.kr(전자 부품) fatex.com(의류)
B2G (정부 대상)	• 역경매 방식에 기초한 비즈니스 모델을 통해 정부 기관을 대상으로 제품 및 서비스 판매 • 인터넷 기반의 전자 입찰 시스템을 통해 거래 수행	www.pps.go.kr(조달청)
C2C (소비자 간)	• 주로 경매 사이트를 통해 소비자 간에 거래 수행 • 경매 물품은 사전에 뉴스 사이트나 전자상거래 포털 사이트에 공지	ebay.com auction.co.kr

있으며, 이들의 거래 관계에 따라 기업과 소비자 간Business to Consumer : B2C, 기업과 기업 간Business to Business : B2B, 기업과 정부 간Business to Goverment : B2G, 소비자와 소비자 간Consumer to Consumer : C2C, 정부와 소비자 간Goverment to Consumer : G2C 등의 형태로 구분된다. 판매 방식에 따른 분류는 입점형 쇼핑몰, 오픈마켓, 카페·소셜 커머스·B2B 판매 등으로 구분된다.([표 3.1] 참조)

1.1_B2C(기업과 소비자 간의 전자상거래)

기업과 소비자 간의 전자상거래는 B2C(Business to Consumer) 전자상거래라고 불리며 사람들에게 가장 익숙한 전자상거래 유형이다. 이는 기업과 소비자 간에 상품과 서비스를 전자적 매체를 이용하여 교환하는 거래를 말한다. B2C 전자상거래는 양측의 시간과 공간을 절약하여 교역의 효율을 높일 뿐 아니라, 도매·소매업이라는 중간 연결고리를 제거함으로써 원가를 크게 낮추어 소비자들의 전폭적인 지지에 힘입어 큰 발전을 이루었다.

대표적인 전자상거래 모델인 B2C는 판매자와 구매자 간의 거래 모델로써 인터넷 쇼핑몰의 형태로 이루어졌다. 주요 내용은 제품 및 서비스 광고, 판매, 고객 서비스 등이 주요 내용이며, C2B와 C2C의 영역으로 세분화된다. 이러한 거래는 다시 무형의 상품과 서비스를 전자적으로 판매하는 시장과 물리적인 상품을 전자적인 매체를 이용해 판매하는 시장으로 나눌 수 있다.

무형의 상품과 서비스를 전자적으로 판매하는 시장에서는 소프트웨어와 같은 디지털 상품과 인터넷 뱅킹, 사이버 증권 등의 서비스를 거래 및 제공하고 있다. 반면 물리적인 상품이 전자적인 매체를 이용하여 판매되는 시장은 종래에 이루어지던 우편 및 통신판매가 인터넷의 보급 확산에 따라 웹을 이용한 가

[표 3.2] B2C 비즈니스 모델

비즈니스 모델	사례	내용
e소매점 (e-tailer)	Amazon, Walmart, CJmall, SSG 등	고객들이 언제 어디서나 구매할 수 있는 소매 상점의 온라인 버전으로 고객이 재고를 알아보고 주문을 내가 위해 인터넷에 접속해야 함.
커뮤니티 제공자 (Community provider)	Facebook, LinkedIn, Twitter, 카카오 등	관심, 취미, 공통의 경험을 갖고 있는 개인들이 온라인에서 만나 정보 교류 및 의사소통을 함.
콘텐츠 제공자 (Contents provider)	WSJ.com, CNN.com, ESPN.com 등	신문, 스포츠, 또는 고객들에게 최신의 뉴스와 소식, 특별한 관심사에 관한 정보와 팁을 제공하는 정보와 엔터테인먼트 제공자
포털 (Portal)	Yahoo, AOL, MSN, Google, 네이버, 다음 등	콘텐츠 통합 패키지, 콘텐츠 검색, 소셜 네트워크 서비스, 뉴스, e메일, 채팅, 음악, 동영상 등.
거래 중개자 (Transaction broker)	ETrade, Expedia, Hotels.com 등	주식 중개인과 여행사 같은 온라인 판매 거래를 중개하는 사업자이며, 거래를 빠르고 저렴하게 할 수 있도록 지원, 고객의 생산성 향상.
시장 창조자 (Market creator)	eBay, Amazon, Priceline 등	인터넷 기술을 이용하여 판매자와 구매자가 함께 만날 수 있는 시장을 만드는 웹 기반의 비즈니스.
서비스 제공자 (Service provider)	VisaNow.com, Carbonite 등	온라인에서 고객에게 제품보다는 서비스를 판매하여 수익을 창출.

상 쇼핑몰의 형태로 전환된 것이며 주로 홈뱅킹, 인터넷 쇼핑몰, 가상공동체, 전자 경매, 인터넷 광고 등의 형태로 구현되어 거래가 이루어지며, 이 중 인터넷 쇼핑몰이 많은 비중을 차지하고 있다. 인터넷 쇼핑몰에서의 서적, 음반, 전자 제품, 소프트웨어 등의 판매, 홈뱅킹을 이용한 사이버 대출, 대금 납부, 이체, 계좌 관리, 온라인 광고 및 온라인 정보, 음악, 영화, 게임 등 오락이나 기타 주문형 서비스 등이 포함된다. B2C 비즈니스 모델로는 [표 3.2]와 같다.

1.2_B2B(기업과 기업 간의 전자상거래)

기업과 기업 간의 전자상거래, 즉 B2B(Business to Business) 전자상거래는 기업과 기업이 인터넷을 통해 상품과 서비스, 정보 등을 교환하는 것으로 가장 빠른 발전을 보이고 있는 유형이다. 거래 규모도 B2C에 비교하여 엄청나게 큰 규모이다. 기업 간의 전자 매체를 이용한 거래는 인터넷을 활용하기 시작하면서 제품의 창출, 구매. 조달, 판매, 고객 관리 등 다양한 거래 단계에서 활용되고 있는데 주로 기업 간의 문서 발주, 기업 간의 구매 업무 및 기업과 금융기관과의 전자적 자금 이체 등의 업무를 수행한다.

[표 3.3] B2B 비즈니스 모델

비즈니스 모델	내용
전자적 유통업자 (e-distributor)	개별적인 기업들에게 온라인상에서 제품과 서비스를 공급. 산업의 아마존에 해당. 예 : Grainger.com, McMaster-Carr.com 등
전자구매조달 (e-procurement)	시장을 개설하고 그 시장에 비용을 지불하고 참가하는 기업들에게 수많은 종류의 유지·보수를 위한 물품들을 제공하는 다수의 온라인 공급자들을 연결해 주는 제3의 독립적인 중개자. 예 : 아리바 등
거래소(Exchange)	많은 수의 공급 업체들이 적은 수의 대규모 구매 업체들을 만날 수 있는 독립적인 디지털 전자 시장. 시장을 생성하는 것을 비즈니스로 하는 기업에 의해 독립적으로 소유되며 거래 당사자들 사이에 수수료를 부과하여 수익을 창출. 예 : ILS(Inventory Locator Service) 등
산업 컨소시엄	특정 산업에서 서비스하는 산업 소유의 수직적 마켓플레이스를 의미. 적은 수의 기업에 자신들의 산업에 이해가 있는 제품과 서비스를 공급. 예 : 엑소스타 등
사설 산업 네트워크	비즈니스에 함께 참여하는 기업들 사이에서 원활한 의사소통을 위하여 고안된 디지털 네트워크. 네트워크는 단일의 대규모 구매 기업에 의해 소유. 직접 투입재의 장기적인 신뢰 관계가 있는 공급 업체 등만 참여. 예 : 월마트 등

[표 3.4] B2B 전자상거래 효과

구매자 관점	판매자(생산자) 관점
• 제품 재고 현황 및 가격과 관련된 정보의 투명성 • 공급사와의 협력을 위한 기획 확대 • 행정 업무 비용의 절감 • 구매사들의 검색 비용 절감 • 공급사들 간의 경쟁을 심화시키고 재고를 최저 수준으로 유지시켜 줌으로써 재고 비용 감소 • 서류 작업을 없애고 구매 프로세스의 일부 단계를 자동화함으로써 거래 비용 절감	• 판매사들의 주문 처리 비용 절감 • 구매사와 판매사 간의 협력을 늘리고 품질 하자 문제를 최소화함으로써 제품 품질 향상 • 가격 투명성을 높일 수 있어 시장에서의 실제 구매 및 판매 가격을 파악할 수 있음 • 부품들의 적시 공급을 통해 생산 유연성의 증대 • 설계 및 생산계획을 공급사와 공유함으로써 제품 개발 주기 단축

기업 간 전자상거래는 상품 주문과 계약, 인증 및 전자 대금 지불을 온라인으로 진행할 수 있기 때문에 양측의 기업이 각자의 공급 판매 시스템과 재무상황을 보다 정확하게 파악할 수 있고 상품 정보를 신속하게 접할 수 있음으로써 기업의 시장 확대와 재고량 감축, 원가 절감, 효율 증대에 탄탄한 기초를 제공하고 있다.

B2B 영역에서 주요 비즈니스 모델로는 전자적 유통업자, 전자구매조달 기업, 거래 시장, 산업 컨소시엄, 사설 산업 네트워크 등이다. [표 3.3 참조]

B2B 전자상거래는 기업의 가치 창출이 이루어지는 활동을 기업 간 거래에 초점을 둔 것이며, 기업 내부의 거래가 이루어질 수 있도록 원재료나 부품이 입력되는 조달 활동이 중심이다. 주로 EDI, e-mail, SCM 등이 활용되는데 EDI를 통한 기업과 공급업자 간의 문서 교환, SCM을 통한 기업 간 정보, 판매, 유통 채널의 공유, 전자적인 자금 이체에 활용되며, 기업 간 거래에서 고객 관계 관리, 수요 관리, 주문 처리, 생산 관리, 조달, 재고 관리와 같은 비즈니스 프로세스도 포함한다.

[표 3.4]는 B2B 전자상거래를 통한 구매자와 판매자 관점에서의 효과를 나타낸다. 무엇보다도 전자상거래를 이용해서 비용 절감과 업무의 효율성 향상이 두드러진다.

1.3_C2C(소비자와 소비자 간의 전자상거래)

소비자와 소비자 간의 전자상거래, 즉 C2C(Consumer to Consumer)는 개인 간의 서신 교환, 정보 교환, 그리고 이를 통한 거래 등이 주를 이루고 있다. 고도 성숙 경제 시대에 있어서 소비자는 시장을 주도해 나갈 것이므로 개인 간의 상거래는 상당한 수준에 이를 것으로 보인다.

C2C는 네트워크를 통하여 소비자들 간에 서로 상품을 거래하거나 정보를 교환하는 형태의 전자상거래를 말한다. 이 경우 소비자가 구매자이면서 동시에 공급자가 되기도 한다. C2C는 크게 개인 간 경매와 P2P(Peer to Peer)로 구분된다.

가) 개인 간 경매

국내의 옥션(www.auction.co.kr)이나 해외의 eBay(www.ebay.com) 등이 대표적인 예로, 판매자가 경매 사이트에 팔고자 하는 물품을 올리면, 최고가를 제시한 입찰자가 물품을 낙찰받는 전자상거래 형태이다. 옥션이나 e-Bay와 같은 업체는 단순히 경매를 위한 사이버 공간을 제공해 주는 대신, 거래액의 일정 비율(즉, 거래 수수료)을 받는다.

옥션의 예를 보면 상단의 점선 박스에는 경매 물품인 디지털카메라와 이것의 사양 및 제공 옵션이 나타나 있고, 하단의 점선 박스에는 지금까지 입찰에 참여한 구매 희망자(입찰자)들의 입찰 일자 및 입찰 가격 등이 표시되어 있다.

물품 구매 희망자들이 지금까지 제시된 입찰 가격을 보고 더 높은 가격을 제시하는 방식으로 경매가 진행되기 때문에 입찰 가격은 지속적으로 상승하게 되며, 경매 마감 일자까지 가장 높은 가격을 제시한 물품 구매 희망자에게 최종적으로 물품이 낙찰되게 된다. 개인 간 경매는 누구나 참여가 가능하고, 자신이 필요 없는 물품을 자유롭게 판매할 수 있으며, 필요한 물품을 저렴한 가격에 구입할 수 있다. 또한, 입찰 과정에서의 다른 입찰자와의 가격 경쟁은 엔터테인먼트적인 요소를 제공해 줄 수도 있다. 초기에는 입찰자와 판매자 간의 신용 문제, 결제 문제, 배송 문제 등이 지적되기도 했으나, 이제는 이러한 문제들이 시스템적으로 거의 해결된 상황이다.

나) P2P(Peer to Peer)

P2P는 개인들이 공급자 또는 소비자 입장에서 다른 사람들의 컴퓨터에 저장된 파일들을 검색하여 자신의 컴퓨터로 가져오거나 다른 사용자에게 파일을 제공하는 활동을 의미한다. 파일을 가져오는 입장에서는 소비자라 할 수 있고, 자신의 컴퓨터의 파일을 누군가 가져간다면 공급자가 되는 것이다. 즉, 개인용 컴퓨터는 클라이언트인 동시에 서버의 역할을 하기도 하며, 개인 자신은 소비자이면서 동시에 공급자가 되기도 한다. P2P 서비스는 다른 전자상거래 유형과 달리, 웹사이트를 통해 모든 서비스가 이루어지는 것이 아니라, 개인용 컴퓨터에서 사용하는 별도의 P2P 프로그램을 통해 수행된다.

이러한 프로그램을 이용하여, 사용자는 원하는 P2P 서버에 접속해서 그 서버에 접속되어 있는 다른 개인들의 PC에 저장되어 있는 파일들을 검색하고 다운로드 받을 수 있다. 일반적으로 이러한 P2P 서버는 파일들의 저장공간을 제공하는 것이 아니라, 그 서버에 접속 중인 사용자들의 IP주소 및 파일들에 대한 인덱싱 정보만을 저장하고 있다.

P2P는 서비스가 등장한 초기에는 개인 간의 원활한 정보 교환을 통한 지식 창출의 인프라로 기대를 모았었지만, 최근에 P2P상에서 공유되고 있는 음악, 영화, 전자책 등과 같은 콘텐츠에 대한 저작권 문제로 인해 각종 소송이 끊이지 않고 있다.

다) O2O(Online-To-Offline)

스마트폰의 등장으로 전자상거래 시장은 변화의 계기를 맞게 되었는데, 휴대단말기의 활용으로 과거 고정된 위치의 소비자를 위주로 진행된 마케팅 방식의 한계를 넘어 이제는 매장 주변에 위치한 소비자에게 할인쿠폰을 전송해 매장으로 유치하는 등 기업들이 보다 적극적으로 마케팅에 나설 수 있게 되었다.

O2O란 ICT 기술을 기반으로 온라인을 통해 고객을 유치하여 오프라인으로 소비자를 유도하는 방식이다. 예를 들어 근거리통신NFC : Near Field Communication기술이나 위치 기반LB : location based 기술을 활용해 오프라인 매장 주변의 소비자에게 할인쿠폰을 발송하여 잠재 고객을 오프라인 매장으로 유치하는 것이다.

O2O는 인터넷 플랫폼, 특히 모바일 환경을 통해 오프라인의 비즈니스 기회를 인터넷(온라인)으로 연결하는 새로운 커머스 모델을 의미한다. 초기의 O2O는 오프라인 매장을 가진 업체들이 매장 유입 및 판매 활성화를 위해 인터넷 기반의 소셜 커머스에 단순 입장하는 방식의 서비스를 제공하였으나, 최근에는 방향성에 관계없이 온라인과 오프라인을 실시간으로 연결하는 온디맨

드on-demand 플랫폼의 형태로 서비스가 제공된다. 특히 스마트폰의 보급으로 모바일 사용자가 늘어나기 시작하면서, 쿠폰 발행 등 혜택 제공 중심의 서비스나 예약 등의 단순한 서비스를 벗어나, 음식 배달 서비스에서부터 부동산, 택시, 가사, 뷰티 서비스 등 일상생활에 필요한 모든 분야로 서비스의 범위가 확대되고 있다.

1.4_B2G와 C2G(기업-개인과 정부 간 전자상거래)

기업·개인과 정부 간 전자상거래는 기업 대 정부Business to Government 또는 개인 대 정부Consumer to Government로 국내에서는 기업 또는 개인이 납부해야 할 각종 세금 납부나 민원 처리를 전자적으로 수행하는 등의 활용 부문이 활성화되었다.

G2B는 기업과 정부가 인터넷을 통해 물건을 사고팔거나 정보를 교환하는 비즈니스 활동이다. 국내 G2B의 예로 조달청의 국가종합전자조달 서비스인 나라장터(www.g2b.go.kr)를 들 수 있는데, 이는 정부 기관들에서 필요로 하는 기자재 및 물품들을 구매하기 위해 운영된다. 이 서비스는 입찰 및 쇼핑몰 등을 이용한 방식으로 물품을 구매할 수 있도록 지원하고 있는데 입찰 방식의 경우, 각 정부 기관에서 필요한 기자재 등을 직접 공고하고 입찰에 낙찰된 기업으로부터 물품을 구매할 수 있는 기능을 제공하고 있다. 또한, 쇼핑몰 기능을 통해 다양한 행정용품들을 빠르게 구매할 수 있도록 지원하고 있다. 이상의 서비스 외에도 나라장터에서는 여러 기관에서 이용되는 각종 신청서 및 세무 양식의 비치, 작성이 완료된 양식의 전송, 공과금 납부, 기업 정보 갱신, 질의응답 요청 등과 같은 각종 서비스를 제공하고 있다.

G2C는 정부 기관들이 국민 개인에 대해 의료보험의 지급, 각종 세금 납부,

민원서류 발급 등과 같은 각종 행정 서비스를 인터넷을 기반으로 제공하는 전자상거래 유형이다. G2C는 B2C 및 G2B에 비해서는 상대적으로 늦게 시작되었지만, 전자정부 선진국가의 중요한 인프라로서 많은 주목을 받고 있다. 우리나라에서는 대한민국 전자정부(www.egov.go.kr)라는 이름으로 행정 서비스를 온라인으로 제공하고 있다.

1.5_판매 방식에 의한 분류

판매 방식에 의해서도 전자상거래를 분류할 수 있는데 입점형 쇼핑몰, 오픈마켓, 카페·소셜 커머스·B2B 판매 등으로 구분된다.

[표 3.5] 판매 방식에 의한 분류

입점형 쇼핑몰	• 대형 온라인 쇼핑몰에 개인이나 업체가 입점해 판매하는 방식(Gsshop, CJmall, 인터파크, Hmall 등) • 제품 경쟁력이 있는 판매자에게 적합하며, 대형 온라인 쇼핑몰의 고객이 잠재 고객이 될 수 있음 • 백화점처럼 판매 수수료가 높다
오픈마켓	• 대표적인 오픈마켓은 옥션, G마켓, 11번가 등이 있으며, 적은 수량의 물품 판매가 가능함 • 온라인 판매 경험이 전혀 없거나, 매우 저렴한 가격에 제품 공급이 가능한 판매자에게 적합하다. • 경쟁이 치열하고, 재구매가 거의 일어나기 힘든 판매 방식이다.
카페, 소셜 커머스, B2B 판매	• 카페를 이용한 방식은 네이버, 다음 등 인터넷 카페에서 제공하는 결제 시스템을 활용한 제품 판매 방식으로 시장 반응을 즉시 볼 수 있다. • 소셜 커머스의 경우 특정 기간에 단일 제품을 할인해 판매하는 방식으로 제품의 가격이 저렴하거나 단일 제품일 경우 적합하다.(티몬, 위메프, 쿠팡 등) • B2B의 경우 기업 간의 전자상거래로 기업의 구매 요청에 부합되는 제품을 납품하거나, 도매업자가 일반인을 대상으로 제품을 판매하는 방식이다.

2. e마켓플레이스

2.1_e마켓플레이스의 개요

마켓플레이스는 물건을 사고파는 장터이다. 제품을 팔고자 하는 사람들과 사고자 하는 사람들이 자유롭게 만나서 거래가 이뤄지는 곳이다. e마켓플레이스는 인터넷상에서 불특정 다수의 공급자와 수요자 간에 제품과 서비스 등에 대한 가격 정보나 제품 사양 등에 정보를 교환하고 제품이나 서비스를 매매할 수 있도록 하는 가상의 시장이다. 예를 들어 이베이, 옥션, 아이마켓코리아 등이 대표적인 e마켓플레이스이다.

e마켓플레이스가 성공하기 위해서는 글로벌 경쟁하의 비즈니스 모델이 필요하며, 시장 규모 판단 및 고객 관계 경영, 산업의 전문 지식 및 상호 교환적 지식 경영, 재무적 기회, 브랜드 파워 및 분배, 혁신적 경영 아이디어, 시장 선두 진입 및 수요 판단의 즉시성, 수익원 믹스, 각종 규제 및 세제 분석, 그리고 프로세스 효율 증대와 비용 절감 등의 노력이 필요하다.

e마켓플레이스는 구매사들의 구매 시스템을 공급사들의 주문 제품 발송 시스템과 함께 통합하는 온라인 커뮤니티로서 표준화된 거래 프로세스를 제공하며, 거래 수수료에 의해 수입이 발생된다. 또한 거래 효율성은 단일 프로세스를 통해 많은 거래를 수행하며 웹 기반의 거래 자동화 시스템을 이용함으로써 발생하게 된다.

e마켓플레이스는 거래 당사자들 간의 거래 비용 절감이나 협업 지원, 가치사슬 효과, 영역 확대, 산업 구조 개편 등이 가능하게 하였으며, 판매자에게 영업 영역 확장, 제조 과정의 불합리성 극복, 초과 재고 처리, 시장 가격 형성, 지역

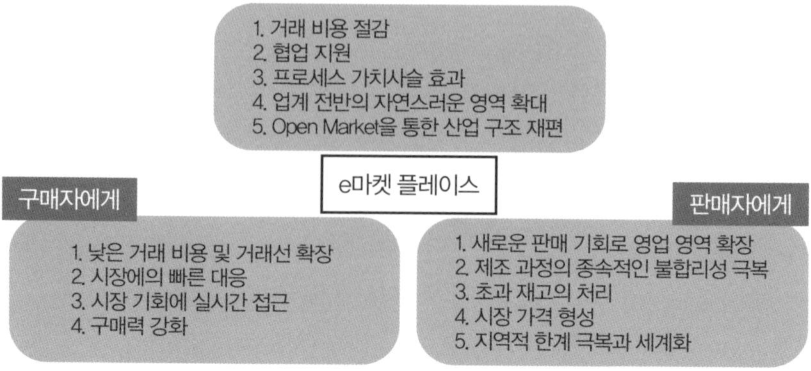

[그림 3.1] e마켓플레이스 혜택

적 한계 극복 등의 혜택을, 구매자에게 낮은 거래 비용 및 거래선 확장, 시장에 빠른 대응, 시장 기회 실시간 접근, 구매력 강화 등의 혜택을 가져다준다.([그림 3.1] 참조)

2.2_e마켓플레이스의 역할

e마켓플레이스는 정보 제공, 구매자와 공급자의 집적 및 연결, 거래 지원, 신뢰 구축, 가상공동체 조성 등의 역할을 수행할 수 있다. 이에 대해 살펴보면 다음과 같다.

가) 정보 제공

e마켓플레이스는 구매자와 판매자에 대한 많은 정보를 저장해두고 있기 때문에 구매자나 판매자는 이를 통해 필요한 정보를 쉽게 얻을 수 있다. e마켓플레이스는 구매자에게 판매자의 제품 사양이나 가격에 대한 정보를 제공함으로

써 구매자의 정보 수집 비용을 낮출 수 있고, 동일 산업이나 상품 정보, 시장 동향 등을 수집·분석하여 구매자나 판매자에게 제공함으로써 거래가 효과적으로 수행될 수 있도록 지원한다. 판매자들은 이러한 정보를 획득함으로써 신상품에 대한 시장의 반응을 알아볼 수 있고, 기존 제품의 생산계획 수립에도 활용할 수 있다. e마켓플레이스는 구매자나 판매자에게 제공되는 정보를 적절히 해석함으로써 정보 교환을 원활하게 할 수 있다.

나) 공급자와 구매자의 집합

e마켓플레이스는 다수의 판매자와 구매자를 한곳에 모이게 하여 규모의 경제와 범위의 경제를 유발함으로써 효율적인 시장을 만들 수 있다. 다수가 모임으로써 구매자에게는 제품과 서비스를 선택할 선택의 폭이 넓어지고, 판매자에게는 제품의 유동성이 증가된다. 구매자들은 한곳에 집합된 제품의 가격과 사양들을 쉽게 검색하고 비교할 수 있다. e마켓플레이스는 소비자의 구매 정보를 집적하여 조직된 수요로 공급자와 협상할 수 있기 때문에 구매자와 판매자 사이에 형성되는 협상력의 비대칭성을 줄인다.

다) 공급자와 구매자의 연결

시장에서 구매자는 자신의 요구사항을 충족시켜 줄 수 있는 적절한 판매자를 찾고, 판매자 또한 적절한 가격에 자신의 상품을 구매할 대상을 물색한다. e마켓플레이스는 이와 같은 욕구를 연결하는 주요 접점으로서의 역할을 수행함으로써 구매자와 판매자의 욕구를 충족시켜줄 수 있다. 구매 기업은 판매자들이 제공하는 제품들을 한곳에 모아 놓은 카탈로그를 검색함으로써 자신이 원하는 공급자와 연결될 수 있고, e마켓플레이스가 제공하는 경매, 역경매 메커니즘을 통해 자신이 원하는 공급자와 연결될 수 있다. 이러한 기능을 통해 e마켓플레이스에 참가하는 구매자는 개별적 상황의 구매자나 공급자보다 구매 의사 결정을 보다 잘 내릴 수 있게 된다.

라) 거래 지원

e마켓플레이스는 지불처리, 배달, 문서처리 등 거래 관련 서비스를 제공함으로써 구매자의 거래 활동을 지원할 수 있다. 가령 여행사는 다양한 여행 대안에 대한 정보를 제공하고, 지불을 처리하고, 티켓이나 청구서, 여행 정보 등을 제공함으로써 거래를 지원해준다. 또한, e마켓플레이스는 고객의 특정 요구사항에 맞는 프로세스, 제품, 절차 등을 제시하거나 구매자가 원하는 시간에 원하는 수량만큼의 제품을 배달해주는 협업Collaboration 기능을 제공할 수도 있다.

마) 신뢰 구축

e마켓플레이스는 전문 지식과 명성을 통해 구매자와 판매자가 전자 시장에서 믿고 안전하게 거래할 수 있도록 하는 신뢰 구축 역할을 수행한다. e마켓플레이스는 구매자나 판매자보다 시장에 보다 오래 지속적으로 참여하여 상호작용을 함으로써 수익을 얻을 수 있기 때문에 시장 거래가 성사되도록 하는 높은 유인을 가진다. e마켓플레이스는 시장 참가자들의 기회주의적 행위Opportunistic behavior를 억제함으로써 거래 실패Transaction Failure율을 낮추고 믿음을 제공하면서 신뢰를 구축해 나간다. 가령, e마켓플레이스는 품질에 대한 최소한의 기준을 제공하는 제3자 역할을 수행함으로써 믿을 수 있게 해준다.

바) 가상공동체 조성

e마켓플레이스는 구매자들 간의 가상공동체Virtual Community를 조성할 수 있다. 가상공동체는 정보 기술에 의하여 네트워크상에 구성되어 공통의 관심사나 경험을 가지고 상호작용하면서 소속감이나 감정적 유대를 공유한다. e마켓플레이스는 구매자 간의 네트워크를 공동체화함으로써 집적된 고객 프로파일의 가치를 극대화하고, 고객의 이용량을 증가시키며, 고객의 이해관계를 대변할 수 있게 한다.

사) 정보 인프라 제공

정보 인프라Information Infrastructure는 업무 프로세스에 수반되는 비용과 시간을 줄여 기업에게 새로운 기회를 제공하고 있다. 정보 인프라의 일 예인 e마켓플레이스는 구매자와 판매자에게 IT 기반을 제공해준다. 이로 인해 형성된 연결 네트워크는 거래 비용을 감소시킨다. e마켓플레이스가 제공하는 ASP 서비스는 정보 인프라의 한 예로 이를 통해 기업은 전통적인 구매관리 방식에서는 불가능했던 부서별 사용 내역의 비교나 주별, 월별, 연별 비교 등을 통해 구매 업무를 보다 효율적으로 관리할 수 있게 된다.

2.3_e마켓플레이스 유형

e마켓플레이스의 분류기준으로 사업 영역과 운영주체에 따라서 e마켓플레이스가 분류되며, 이를 중심으로 e마켓플레이스의 유형에 대해 살펴보면 다음과 같다.

가) 사업 영역을 중심으로

e마켓플레이스는 가장 간단하게는 사업 영역을 중심으로 수직형Vertical e마켓플레이스와 수평형Horizontal e마켓플레이스로 나눌 수 있다. 수직형 e마켓플레이스는 컴퓨터·전자, 자동차, 화학, 철강과 같이 특정 산업이나 시장을 따라서 수직적으로 전문화하여 서비스를 제공하는 e마켓플레이스를 의미하고 수평형 e마켓플레이스는 여러 산업에 걸쳐 유사한 성격의 제품이나 기능을 제공하는 e마켓플레이스를 의미한다.

나) 운영주체를 중심으로

e마켓플레이스는 운영주체를 중심으로 컨소시엄형과 제3자형으로 나눌 수 있고, 컨소시엄형은 다시 구매자 주도형과 공급자 주도형으로 나눌 수 있다.([그림 3.2] 참조)

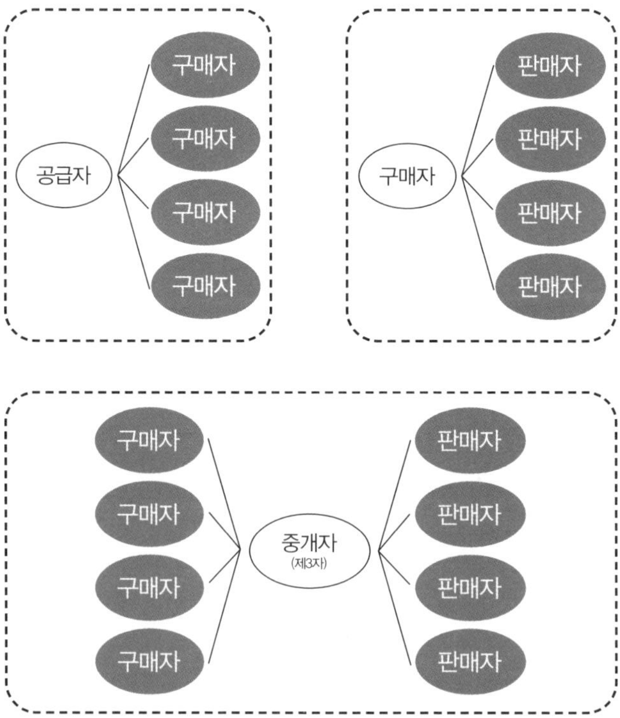

[그림 3.2]
운영주체 중심의
e마켓플레이스

① 구매자 주도형 e마켓플레이스

구매자 주도형Buyer-Managed e마켓플레이스는 복수의 구매 기업이 모여 컨소시엄을 형성하고 이를 중심으로 e마켓플레이스를 구축·운영하는 것을 말한다. GM, Ford, DaimlerChrysler가 컨소시엄을 이루어 구축한 Covisint를 예로 들 수 있다. 구매자 주도형 e마켓플레이스에서 구매 기업은 흔히 오랜 산업 경험을 지닌 대기업이다. 구매자 주도형 e마켓플레이스는 많은 경우 독립 법인으로서 설립되고, 다른 유력한 구매 기업들에게도 지분을 제공함으로써 이들의 참여를 유도한다. 구매자 주도형 e마켓플레이스는 대량 구매력을 통해 기업의 조달 비용을 줄여주고, 기업의 가치사슬상에 존재하는 낭비적 요소를 줄여주며, 공급업자들로부터 거래 수수료 수익을 거두어들일 수 있다.

② 공급자 주도형 e마켓플레이스

공급자 주도형Supplier-managed e마켓플레이스는 Grainger.com, Works.com과 같이 유통업자나 공급업자가 중심이 되어 구축·운영한다. 초창기의 공급자 주도형 e마켓플레이스는 B2C 인터넷 쇼핑몰처럼 여러 기업들의 제품 카탈로그를 인터넷상에서 구현한 것에 불과하였으나 여기에 온라인 장바구니, 전자지불결제 등의 기능을 추가하고 있고, 경우에 따라서는 고객 기업의 구매 활동에 대한 내역을 종합해서 보여주는 회계 및 관리 기능도 제공하기도 한다. 흔히 시장을 장악하고 있거나 제한적이고 독점적인 제품을 생산하는 공급업자가 공급업자 주도형 e마켓플레이스를 구축한다. 특히, Grainger.com과 같이 분산된 소규모 구매자들을 대상으로 하는 대형 공급업자나 유통업자들은 그들 자신의 e마켓플레이스를 운영함으로써 보다 큰 효과를 볼 수 있다. 공급자 주도형 e마켓플레이스는 참여 구매 기업들의 비용을 줄여줌으로써, 또는 편리하게 이용할 수 있는 통합된 주문·지불·물류 시스템을 제공해줌으로써 이들에게 가치를 전달해 준다.

③ 제3자형 e마켓플레이스

제3자형 e마켓플레이스는 달리 중립형Neutral e마켓플레이스라 불리기도 하는데 이는 PlasticsNet, Dovebid, eSteel, NECX 등과 같이 다수의 구매자를 다수의 판매자와 연결시키는 제3자가 구축·운영한다. 이는 구매자나 판매자에 의해 간섭받지 않는 독립된 e마켓플레이스로 유통업자나 시장 조성자가 주로 운영한다. 유통업자들은 익명으로 납품하며 상품의 이윤 폭을 주요 수익원으로 한다. 시장 조성자는 순수 e마켓플레이스를 운영하며 주문 연결, 거래 수수료 등을 주 수익원으로 한다. 이러한 e마켓플레이스는 벤처 자본가가 자금을 지원하고 Ventro, Instill, Healtheon·WebMD와 같은 초기의 닷컴 기업들인 경우가 많다.

다) 구매 대상 및 방식에 따라

① 온라인 유통자

온라인 유통자들은 여러 공급자들의 제품 카탈로그를 웹사이트상에 제공하고, 구매자들은 이를 통해 온라인으로 구매를 한다. 여러 공급사들의 MRO(유지보수용) 제품들을 단일 관문을 통해 즉석 구매할 수 있는 기회 제공한다. 이러한 온라인 유통자들은 자신들이 유통시키는 제품들에 대해 마진 붙여 판매해 수익을 발생시키고, 구매자 관점의 혜택은 검색비 절감, 거래비 절감, 넓은 제품 선택 폭, 신속한 배송, 저렴한 가격 등을 제공한다.

② 온라인 구매자

수많은 운영 투입용 부품들을 제공하는 수백여 개의 온라인 공급사들을 유료로 시장에 가입한 구매사들과 연결한다. MRO 제품들을 주로 장기계약 방식에 의해 판매하는 데 역점을 두지만, 회원들이 즉석 구매할 기회도 제공한다. 가치사슬관리 서비스를 통해, 판매자들에게는 판매 프로세스 자동화를 그리고 구매자들에게는 구매 프로세스 자동화를 제공한다. 온라인 구매 e마켓플레이스는 매 거래 시마다 거래금액의 일정 퍼센티지를 부과하고, 컨설팅 서비스 및 소프트웨어의 사용료를 부과하며, 또 네트워크 사용료를 청구해 수익을 발생시킨다. 비교적 거래 비용이 높은 저가의 MRO 제품들이 주로 거래되므로, 구매 프로세스 효율성을 높임으로써 가치를 창출하여 비용 절감이 가능하다. 대표적인 예로써 아리바Ariba는 웹 기반 유통 및 구매 소프트웨어를 통해 서비스를 제공한다.

③ 독립 거래소

독립적으로 운영되는 e마켓플레이스이며, 수많은 공급자들과 구매자들을 연결한다. 특정 산업의 대기업들이 필요로 하는 즉석 구매에 초점이 맞춰져 있다. 이러한 독립 거래소는 각 거래에 대해 수수료를 부과함으로써 수익을 발생시키며, 구매자들은 제품 검색비 절감 및 저렴한 가격의 효과를 기대할 수 있으며, 공급사들은 글로벌 시장 접근 및 잉여 제품 처분의 기회가 존재한다. 하지만 공급자들은 서로 경쟁 관계에 놓일 것으로 우려해 참여를 꺼렸고, 이로 인해 시장 유동성이 낮아졌으며, 구매자들은 신뢰 높은 전통적 공급자들이 부족해 구매를 꺼리게 됨으로써 이 모델은 결국 실패하였다. 대표적인 예로써, 이스틸

e-Steel은 철강 부문의 수직 시장에서 철강의 판매와 구매를 대행하는 서비스를 제공하던 유망한 벤처 기업이었으나, 거래소 위기의 흐름 속에 사라졌다.

④ 산업 컨소시엄

특정 산업의 한정된 공급사들로부터 제조 투입재를 장기 계약에 의해 구입할 기회를 제공한다. 구매자·공급자에게 구매, 거래 관리, 물류, 결제 등의 부가 서비스를 제공한다. 공동 네트워크 및 컴퓨터 플랫폼을 통해 개별 기업들의 공급망을 통합하는 데 궁극적인 목적이 있다. 이러한 산업 컨소시엄은 거래 비용 절감보다는 공급망의 최적화에 초점을 두고 있으며, 거래소에 대해 만족하지 못하던 대형 공급사들이 모여 직접 시장을 구축하였고, 컨소시엄 참여 기업들이 구축 및 운영비를 부담하며, 구매 거래 이용 시마다 수수료 지불하고 있다. 참여 구매 기업들은 구매 프로세스 효율화, 저렴한 가격 등의 혜택 얻고 있다. 대표적인 예로써, 미국 Big3 차 메이커들이 공동으로 구축한 Covisint는 6만여 부품 공급사들이 참여하며 연간 약 2,500억 달러 이상의 거래가 발생하고 있다.

2.4_e마켓플레이스 사례

미국을 중심으로 전 업종에서 e마켓플레이스가 등장하였다. 세계 최대의 자동차 메이커인 GM, Ford 및 DaimlerChrysler가 동일 지분의 Joint Venture를 설립하여 초대형 e마켓플레이스 구축하는 사례에서 볼 수 있듯이 개별 기업 차원의 독자적인 e마켓플레이스보다는 동종 업체가 전략적으로 제휴하여 공동으로 e마켓플레이스를 구축하는 경향이 전 업종에서 일반화되었다.([표 3.6] 참조)

국내에서도 업종별 e마켓플레이스가 급속히 성장하고 있으며, 순수 온라인기업, 종합상사 등의 유통 회사는 물론, 대기업도 참여하는 경쟁 체제를 형성하고 있다.

[표 3.6] 해외 e마켓플레이스 사례

분야	참여 업체	비고
자동차 (미)	GM, Ford, DaimlerChrysler (르노-닛산 참여)	세계 최대 자동차 e-Marketplace 추진(연간 2,400억 불 규모, 전 세계 3만여 업체 연결)
유통 (미/프)	시어스, 카르푸, 오라클	GlobalNeteXchange추진 (연간 800억 불 규모, 5만여 공급 업체 참여)
건설 (미)	Centex Corp., D.R.Horton, Lennar Corp. 등	5대 건설 회사 간 합작회사 설립 추진
철강 (미)	US Steel, esteel	온라인 철강 판매 합작회사 설립 추진 (65개국, 1,300개 회사 참여)
항공 (미/영/프)	US항공, 아메리칸에어라인, 델타항공, 유나이티드에어라인, 영국항공, 에어프랑스	항공 분야 합작회사 설립 추진 (연간 320억 파운드의 부품 조달)
항공 (미/영)	보잉, 록히드마틴, 영국항공, Raytheon	항공·방위 분야 합작회사 설립 추진

[표 3.7] 국내 업종별 e마켓플레이스 현황

분야	참여 업체	비고
화학	삼성물산 및 국내외 30여 개 화학 업체 참여	ChemCross.Com
	현대종합상사, SK상사, LG상사	ChemRound.com
의료	삼성물산	Carecamp.com
	SK상사	e-메디칼스
	제일제당, 대한약사통신	Pharmsnet.com
	의과대학부속병원	e-메디피아
	대형 약국 등	Pharmsia.com
섬유 패션	데코, 쌈지, 삼영보방, 성도어패럴, 이랜드, 일승섬유 B2B 코리아 등	TplusF.com
	Vertical Korea	Fatex.com
	쌍용중공업	TextileM.com
	FSCM, 동대문시장	FSCM.co.kr
	싸이버텍홀딩스, CMR	Texpiaweb.com
철강	SK상사, 삼보컴퓨터, 두루넷	iSteelKorea.com (홍콩의 iSteelAsia.com 사와 합작)
	삼성물산	tradesteel.com
	현대종합상사	steelnmetal.com
건설	인터파크, 동부건설, 성원건설, 대아건설, 성부실업, 동양고속건설, 삼부토건, 신화건설, 삼능건설, 월드건설 등	buildersnet.com – 100여 개 건설 회사, 2,000여 개 건설 현장 및 1,000개 이상의 공급 업체 참여
전자 부품	필코전자, 휴맥스, 디지토, 베스트나우	partsN.com
중공업	현대중공업, 현대정보기술, 한국오라클, 삼호중공업 등	heavyindustryxchange.com
소비재 등	제일제당(CJ코퍼레이션), 오라클	dreamxchange.com
식음료	풀무원, 링크웨어, 매일유업, 샘표, 신라명과 등 10여 개사	foodmerce.com (globalfoodxchange.com과 제휴)
전기 전력	일렉트리아닷컴	electria.com
환경	에코솔루션	ecobuysell.com
컴퓨터 반도체	삼성전자, 컴팩, HP, AMD, 히타치, 게이트웨이, 인피니온, NEC, 퀀텀, SCI시스템, 솔렉트론, 웨스턴	ehitex.com(각 사별로 5~7%의 구매 비용 절감)
물류	싸이버로지텍, 한국오라클, 한국HP, 사이버텍홀딩스 등	LogisticExch.com
기타	industrader.com	섬유, 화학, 철강, 비철금속, 건설, 반도체, 식품, 물류 유통 등의 분야

제4장
모바일 커머스

전자상거래는 휴대 단말기 보급 및 확대와 함께 모바일 커머스로 진화하였다. 모바일 커머스란 위키피디아의 사전적 정의에 의하면 무선으로 들고 다닐 수 있는 단말기인 이동전화, 스마트폰, 개인정보 단말기 등을 이용하여 은행 업무, 지불 업무, 쇼핑 업무, 티켓 예매 업무 등과 같이 다양한 전자상거래 서비스를 하는 비즈니스 모델이다. 간단히 말해 무선데이터장비를 이용하여 정보, 서비스, 상품의 교환이 가능하게 된 시장이다. 전자상거래의 일부이자 핵심으로써 스마트폰의 확산된 보급과 함께 크게 성장했다.

1. 모바일 커머스 개요

모바일 커머스Mobile Commerce란 말 그대로 모바일 전자상거래를 의미하는 말로, 유선으로 인터넷에 연결해 물건을 사고파는 것과 달리 이동 중에 스마트폰이나 기타 무선인터넷 단말기를 이용해 거래를 하는 모든 행위를 통칭하는 단어다.

모바일 커머스는 온라인상의 전자상거래에서 확장된 개념으로, 기존의 전자상거래처럼 유선이 아닌 무선을 통해 이루어진다는 것을 의미한다. 기존의 전자상거래와 모바일 커머스는 무선 네트워크나 이동통신망을 이용한 편리성과 디바이스의 이동성에 차이점이 있을 뿐, 거래 형태의 본질은 동일하다.

다른 의미로, 모바일 커머스란 무선인터넷상의 온라인상거래를 칭하는 것인데 인터넷 전자상거래e-Commerce와 비교한다면 모바일 전자상거래Mobile e-Commerce라고 말할 수 있다. 이는 휴대폰 등을 이용하여 디지털 상품이나 물리적 상품의 쇼핑을 수행하는 모바일 기업과 소비자 간 전자상거래Mobile B2C의 비즈니스 모델이다. 이러한 모델은 구매를 위한 대금 결제의 수단이 동반되어야 하는데 이를 위하여 신용카드 결제, 이동통신사가 제공하는 은행 계좌와 연결된 가상 구좌 결제, 그리고 전화 요금에 이용되는 소액 결제 등의 결제 서비스 기능을 이용한다. 모바일 커머스 모델로는 모바일 B2C, 모바일 B2B, 모바일 G2B, 모바일 G2C 등 일반적인 전자상거래 모든 모델이 가능하다.

모바일 기기 혁명을 이끌고 있는 핵심은 대표적인 휴대 단말기인 스마트폰으로, 아이패드를 포함한 태블릿도 주요 모바일 기기로 많이 사용되고 있다. 그에 따라 모바일 서비스들도 크게 성장하고 있다. 물론 PC는 편집 작업에 편리하므로 업무를 수행하는 직장인들에게는 앞으로도 여전히 필수도구로 사용될 가능성이 높지만 커뮤니케이션, 정보검색, 커머스, 엔터테인먼트 등의 일반적인 인터넷 이용에 있어서는 스마트폰이 핵심적인 위치를 유지할 것이다.

전자상거래의 연장선에서 전자상거래의 특성을 상대적으로 더 많이 장점화하여 성장하고 있는 모바일 커머스와 전자상거래를 대표적 특성을 바탕으로 다시 비교해보면 다음 [표 4.1]과 같다.

전자상거래는 1970년대 정도부터 시작되었고, 모바일 커머스는 1990년대

[표 4.1] 전자상거래와 모바일 커머스의 비교

특성	전자상거래	모바일 커머스
사용 장치	PC, 노트북 등.	스마트폰, 태블릿 등 각종 휴대 단말기.
인터넷	필수적.	선택적(온/오프라인 모드).
연결성	있음.	더 많은 사용자, 연결성 더 큼.
이동성	전원과 인터넷 사용 가능 장소. 제한적 이동 가능.	더 넓은 휴대성, 이동 가능성.
결제	카드, 온라인 뱅킹 등.	카드, 모바일 뱅킹, 휴대폰 결제 등 다양하고 편리한 모바일 결제 방식.
접근성	PC 온라인상에서 시공간 제약 없음.	더 넓은 접근성(휴대성, 이동성) 시공간 제약 없음.
위치 추적	제한적 인식, 광범위한 추적.	정확한 위치 추적 및 사용자 개인 맞춤화 가능.
보안	보안 프로그램 설치, 불안전성 존재. 모바일 커머스에 비해 상대적인 안정성.	불안전성 여전히 존재, 생체 인증 등 다양한 인증 보완 노력.
플랫폼	PC 웹사이트.	웹사이트 모바일 버전, 모바일 앱, 하이브리드 앱 등.
사용법	복잡한 인터페이스	단순화된 인터페이스

부터 시작되었다. 물론 초기 시작단계와 지금은 차이가 클 것이지만 역사는 그렇다. 전자상거래는 인터넷과 함께 시작되었다고 생각될 만큼 인터넷이 필수적이지만, 모바일 커머스는 인터넷 연결을 통한 온라인 환경과 인터넷이 없어도 가능한 오프라인 환경도 적용이 가능하다. 하지만 전자상거래와 모바일 커머스 모두 인터넷 통신을 기반으로 하는 것은 분명하다.

연결성에 있어서는 전자상거래에서보다 모바일 커머스에서 더욱 커진다. 주변만 봐도 알 수 있듯이, PC 사용자보다는 스마트폰이나 모바일 기기 사용자가 훨씬 많이 보인다. 커머스 환경에서도 PC보다 모바일을 통한 접속이나 애플리케이션 활용 사용자가 훨씬 많은 현실이다. 이동성의 경우는 랩톱이나 PC의 이동 설치를 통한 전자상거래의 이동성도 있지만, 모바일 기기를 통한 모바일 커머스의 이동성은 PC기기와 비교할 수 없을 정도로 더 넓은 휴대성을 가졌다. 언제 어디서나 시공간적 제약 없이 사용이 가능하기 때문에 접근성 역시 기존 전자상거래보다 훨씬 넓고 크다.

결제 방식에서는 기존 전자상거래에서 취했던 PC 온라인상의 결제 방식을 모바일 커머스는 모두 포함하고 그 외의 새로운 모바일 뱅킹이나 모바일 결제 방식을 갖는다. 물론 이러한 결제 방식들은 핀테크Fintech로 성장하면서 PC와 모바일 관계없이 진행되는 간편한 결제 방식들도 생겨났다. 모바일상으로만 가능한 간편결제도 있지만, PC와 오프라인까지 모두 가능한 다양한 핀테크가 성장해서 우리 삶에 함께하고 있다.

뿐만 아니라, 이용 플랫폼에서 전자상거래는 PC 웹사이트 기반이었다면, 모바일 커머스는 이 웹사이트의 모바일 버전, 모바일을 통한 PC 웹사이트 접속부터 시작해서, 모바일 전용 애플리케이션과 모두 활용하는 하이브리드 앱 등의 형식으로 플랫폼을 형성하고 있다. 더불어 기존 전자상거래의 PC 웹사이트가 더 다양하고 복잡한 인터페이스를 지닌 데 반해, 모바일 커머스는 모바일 기기를 통한 기존 웹사이트 접속을 제외하고는 대부분 훨씬 단순화된 인터페이스를 가졌다. 이는 사용자 편의를 위한 것이기도 하지만, PC 웹 환경처럼 구현하기에는 다소 버겁고 비용과 기술이 많이 필요한 모바일의 한계이기도 하다. 그러나 사용자는 모바일의 심플한 환경을 더 선호하고, 구매를 하는 데 있어서 선택과 집중을 하기에는 편하다.

모바일 커머스가 무조건 기존 전자상거래보다 다양하고 편한 방식만 가진 것은 아니다. 보안에 있어서는 여전히 둘 다 이슈가 많다. 하지만 모바일은 생체 인식 등의 다양한 이중 삼중 보안 단계를 추가하여 보안성을 높이고 있다. 그래도 완벽히 해결되지는 않았다. 위치 인식의 경우 전자상거래의 PC 인터넷망을 통한 인식보다 모바일 커머스의 모바일 기기를 통한 사용자 인식이 훨씬 정확하다. 따라서 기존 전자상거래보다 모바일 커머스가 사용자에 대한 데이터를 바탕으로 위치에 기반하여 더 많은 고객 맞춤화 서비스를 진행할 수 있다. 물론 이러한 위치 인식에 피곤함을 느끼거나 거부감을 느끼는 사용자도 있기 때문에, 좋다고만 할 수는 없을 것이며 여기에도 안전성이나 보안, 사생활 이슈가 추가된다.

물론, 이러한 비교 내용이 절대 고정적인 특성들은 아니다. 모바일 커머스와 전자상거래의 차이는 모호해지면서 융합되고 있다.

2. 모바일 커머스의 가치 및 특성

기업은 모바일 커머스 시장을 기존 오프라인이나 온라인 전자상거래 시장 이상으로 중요하게 접근하여 고객에게 매력적일 수 있도록 해야 하며, 고객들이 모바일 커머스를 통해 얻고자 하는 가치들을 충족시키도록 노력해야 한다. 또한 급변하는 시장 상황과 기술 발전에 민감하게 대응하여 모바일 커머스도 지속적으로 발전시켜야 할 것이다.

이용자, 고객들은 기존의 것에 머물지 않고, 새로운 것을 수용하고 이용하며 시대의 흐름과 기술 발전 속도에 맞춰 나가야 하며, 정보 제공이나 보안에 대해

철저히 확인하고 모바일 커머스에 능동적으로 참여하는 태도가 필요할 것이다. 또한 무분별하게 사용하거나 맹신하는 것이 아니라 현명하게 판단하는 이용자가 되어야 한다.

2.1_모바일 커머스의 가치

모바일 커머스가 기업과 고객에게 주는 가치는 무엇일까? 우선 사업에 참여하는 기업이 얻을 수 있는 가치에 대해 알아보자.

첫째, 모바일 플랫폼이라는 새로운 채널을 통한 매출의 증대다. 기존 오프라인 기반의 유통업체 및 온라인 쇼핑 사업자들의 입장에서 모바일은 매우 중요한 플랫폼이다. 오프라인 상거래의 상당 부분이 온라인으로 이전했듯이 온라인의 상당 부분이 모바일로 이전될 것이 분명하고 이전해 오고 있다. 앞서 언급한 것처럼 PC가 아닌 모바일 기기가 제1의 인터넷 접속기기가 될 것으로 예측되며 그에 따라 모바일 서비스들도 크게 성장할 전망인 점을 고려하면, 기존 업체들의 입장에서는 포기할 수 없는 매력적인 시장인 것이다. 또한 새로운 플랫폼이 등장하면 벤처 기업의 놀라운 성공사례들을 목격하게 될 것이다. 모바일 플랫폼을 통해 새로운 비즈니스 모델이 생겨나고 있으며, 기존 오프라인·온라인 채널의 모바일로의 확장뿐만 아니라, 모바일 커머스로의 바로 시작하는 기업의 사례가 상당하다.

두 번째로 고객의 취향 데이터를 더욱 많이 확보할 수 있다는 점이다. 모바일 커머스의 중요한 부분이 바로 위치 정보를 활용한다는 점과 소셜 미디어와 연동된다는 점을 상기해보면 현재 이용자가 어느 장소에서 접속하고 있는지, 또한 소셜 미디어와 연동이 되어 있을 경우 이용자의 프로필과 활동 내역을 상세하게 확보하여 분석할 수 있다. 고객에 대한 구체적인 분석을 통해 고객에게 맞춘 서비스나 제품을 제공할 수 있다. 모바일 환경이 PC보다 훨씬 많은 데이터를 축적하고 있기 때문에, 기업은 마케팅을 위해서라도 모바일 커머스에 집중할 수밖에 없다. 물론 이와 같은 부분에서 민감한 개인정보의 유출이나 프라이버시 이슈가 분명히 존재한다. 그럼에도 불구하고 커머스 업체들은 약관에의 반영, 그리고 이용자로부터 소셜 미디어의 데이터 연동을 허락하는 조건으로 그에 상응하는 인센티브를 제공하는 등 각종 해법들을 찾아내서 난관을 극복해 나가고 있다.

세 번째로는 모바일 커머스를 통해 고객 로열티를 크게 증대시킬 수 있다는 점이다. 새로운 플랫폼이 등장하고 그에 따라 대중화가 되기 시작할 때 이용자들은 이에 대해 아주 높은 수용성을 보인다. 예컨대 유선인터넷 웹사이트의 경우 너무나 많고 일반화되어 이용자들이 별다른 관심을 갖지 않았지만 스마트폰 앱과 모바일 웹사이트의 경우 이용자들의 관심이 높고, 이용자가 매우 급속도로 증가하였으며, 그 필요성이나 사용성이 매우 높아, 그에 따라 이용자들의 관점에서 새롭고 매력적인 모바일 커머스가 시장에 나타난다면 이용자들은 새로운 서비스에 대한 강한 흡수력을 바탕으로 높은 호응을 보여줄 것이다. 초기에 결제에 대한 거부감이 장애 요소로 작용하였으나, 현재는 다양한 결제 방식과 함께 사용자들이 사용성이 높아졌고, 모든 쇼핑몰에서 간편결제를 지원하며 모바일 쇼핑의 큰 장벽 중 하나였던 결제가 매우 용이해졌다. 다양하고, 안정된 모바일 서비스는 매출 증대와 팬덤Fandom을 형성할 수 있다.

아직도 모바일로 앱을 설치하고 각종 데이터를 제공하고, 연동하는 것에 불안과 거부감을 느끼는 소비자들이 있지만, 일반화되면서 극복되고 있다. 또한 기업이 그에 따른 인센티브나 이점을 제공한다면 고객들이 모바일을 기피할 이유가 없으며, 더욱 빠르게 채택하고 흡수할 따름이다. 경험이 지속되면 될수록 익숙해지고 거부감은 사라질 것이다. 모바일 커머스에서 고객 충성도는 강력한 브랜드를 형성하게 할 것이며, 고객의 삶에 더 큰 연결성을 얻게 될 것이다.

그렇다면 소비자(고객)의 입장에서는 모바일 커머스를 통해서 어떤 가치를 얻을 수 있을 수 있는지 다음과 같다.

첫째, 이용자가 다양한 이벤트, 할인 정보를 얻을 수 있어야 한다. 단지 제품 정보를 제공하는 것만으로는 부족하다. 개별 이용자의 취향에 적합한 이벤트 또는 할인, 특별 서비스에 대한 정보를 함께 제공함으로써 이용자의 구매 욕구를 이끌어내는 게 중요하다. 이는 오프라인보다 온라인 환경에서 얻었던 이점과 비슷하다. 이제는 온라인에서 모바일로 더 큰 혜택을 사냥할 수 있을 것이다.

둘째, 이용자가 위치 기반 서비스Location-based Service 기능을 통해 점포 위치를 파악할 수 있어야 한다. 즉, 고객이 위치 정보를 기업에 제공하는 것과 동시에, 고객도 기업의 위치 정보를 얻을 수 있다. 점포 위치부터 위치에 기반한 빠른 배송 거래 여부 확인이나 모바일 커머스를 통한 오프라인 연계 활동에 있어서도 정보를 얻을 수 있다. 지도, 증강현실 등을 통해 점포를 손쉽게 찾아올 수 있도록 하는 건 이제는 기본적인 기능이 됐다. 그런데 단순히 찾아오기 기능뿐만 아니라 쿠폰 등을 통해 방문을 강력히 유도하는 게 중요하다.

셋째, 이용자가 타인의 리뷰, 활용법, 연관 상품 등의 추가 정보를 제공받을 수 있어야 한다. 제품 정보뿐만 아니라 다른 사람의 리뷰나 활용법, 연관 상품 정보를 추가적으로 제공함으로써 제품에 대한 신뢰도 상승과 함께 구매 욕구를 더욱 증대시킬 수 있다. 다시 말하면, 연관 상품이나 콘텐츠 추천이 그러한 것이 될 수 있겠다. 이로써 정보의 신뢰성이 상승되며, 탐색 비용도 줄일 수 있다.

넷째, 이용자가 간편하게 결제를 할 수 있어야 한다. 당연하게도 스마트폰의 특성상 기술적으로 지금보다 훨씬 간편한 결제 서비스를 제공할 수 있지만, 국내의 경우 규제로 인해 결제 서비스에 상당한 제한이 가해지고 있는 게 사실이다. 해외의 경우 원클릭이 가능할 정도로 상당히 간편한 결제 방식이 제공되는 있다는 사실과 비교해보면, 국내의 모바일 결제 현실은 암담한 수준이라고 볼 수 있다. 이는 국내 모바일 커머스의 활성화를 상당히 저해하고 있는 요인이다. 국내 모바일 커머스의 활성화를 위해 결제와 관련된 규제는 반드시 재검토되어야 할 것이다.

다섯째, 이용자가 즉시 고객 문의 및 불만을 접수할 수 있어야 한다. 즉, 언제든지 즉각적인 반응 및 응답을 할 수 있다. 스마트폰을 통해 언제 어디에서나 곧바로 업체에게 문의를 하고 즉각적인 응답을 받을 수 있어야 한다. 트위터 등의 신속한 고객 AS도 한 예라고 할 수 있다. 즉, 모바일 커머스에서 고객 응대 기능은 매우 중요한 요소이다.

2.2_모바일 커머스의 특성

모바일 커머스는 기술의 발전과 사용 형태의 변화가 급격하게 일어나고 있기 때문에 특징이라고 구분 지었던 것이 오히려 보편화되기도 하거나 이미 그 의미가 퇴색되는 경우도 있다. 최근의 모바일 커머스의 변화를 고려한다면 더욱 그러하다. 이런 점에서 모바일 커머스의 특징을 고정화된 개념으로 보기는 어렵다.

모바일 커머스는 무선인터넷과 이동단말기를 이용하여 이루어지는 전자상거래의 기기상 특성을 가지고 있다. 이에 따라서 몇 가지의 모바일 전자상거래에 관한 특징이 제시되고 있다. 현시점에서 모바일 커머스의 특징이라는 의미를 부여한다면 이동성Mobility, 즉시성Real Time, 개인화Personalization, 등으로 이용환경의 차이 등으로 특징을 지을 수 있는데 이러한 특징은 모바일의 서비스 형태에 따라 달라질 수 있다.

모바일 커머스에 관한 주요 특징을 [표 4.2]과 같이 설명하고 있다.

가) 이동성Mobility

모바일 커머스 이용자는 이동 중에도 어디서나 인터넷에 접근이 가능하다. 또한 이용자는 현재 자신의 위치에서 필요로 하는 정보를 얻을 수 있다. 예를 들어, 스마트폰의 지도 애플리케이션을 이용하여 현재 자신의 위치에서 가장 가까운 ATM기기를 찾아, 필요한 업무를 수행할 수 있다. 모바일 커머스는 이용자가 특정 시점에 어디에 위치하고 있는지를 보여주는 위치확인성의 특성도 함께 가진다고 할 수 있다.

나) 즉시성Real Time

모바일 커머스는 시간이나 장소에 상관없이 언제든지 이용자의 접근이 가능하고, 모바일에 연결해 필요한 정보를 검색하거나 이용하는 것을 가능하게 한다. 이러한 즉시성은 실시간 거래와 정보 처리, 검색이 가능하고, 실시간 정보 제공과 SNS의 커뮤니케이션을 가능하게 만들었으며, 언제 어디서든 필요한 제품이나 서비스를 찾거나 구매가 가능하게 하여 모바일 커머스의 적합성

[표 4.2] 모바일 커머스의 주요 특징

특징	주요 내용
이동성(Mobility)	• 이동 중에도 어디서나 이용자의 접근이 가능 • 이용자의 지리적 위치 정보 제공뿐 아니라 현재 이용자의 위치에서 필요로 하는 정보 접근 가능
즉시성(Real Time)	• 언제든지 이용자의 접근이 가능 • 필요한 시간대에만 접근이 가능하도록 조절 가능 • 실시간 거래와 정보 처리, 검색이 가능
편재성(Ubiquity)	• 편재성은 무선 단말기의 두드러진 장점 • 스마트폰 등 무선 단말기는 이용자가 어디에 있든지 실시간으로 검색하고 통신할 수 있도록 지원
편리성 (Convenience)	• 무선인터넷에 접속하기 위해서 이동통신 단말기를 비롯한 휴대형 통신 단말기를 통해 편리하게 접속이 가능하며, 장소에 상관없이 무선인터넷 이용이 가능
개인화 (Personalization)	• 무선 단말기를 통하여 개인정보관리 가능 • 휴대용 기기의 특성상 사용자와의 긴밀성을 바탕으로 유선 인터넷에 비해서 개인 일정, 맞춤뉴스, one-to-one 마케팅 등 사용자의 개인화된 맞춤 서비스가 가능
보안성(Security)	• 개인정보보호 등 보안 관리 중요 • 안정적인 거래를 위한 인증 방법 필요
접근성(Reach ability)	• 접근성은 사람과 사람 간의 통신을 위해 중요한 기능 • 무선 단말기를 가진 사람은 언제 어디서나 연결이 가능하고 원할 경우에는 특정 인물이나 시간대에만 접근이 가능하도록 제안
위치성(Localization)	• 서비스와 애플리케이션에 위치 정보를 결합하여 무선 단말기에 가치를 부여할 수 있는지 알게 되면 이용자가 거래하고 싶은 욕구가 생기도록 유인하는 적절한 서비스를 제공 • 예를 들어 공항에 도착하는 비즈니스맨에게 그 도시에 있는 호텔에 대한 정보를 안내

을 높였다. 또한 사용자가 필요한 시간대에만 접근이 가능하도록 조절이 가능하다.

모바일 서비스는 언제 어디서든지 원하는 서비스를 받을 수 있는 환경을 제공하고, 다양한 콘텐츠를 사용자에게 제공함으로써 서비스 및 사업자에게 고객 확보와 수익성 증대의 효과를 준다. 특히, 스마트폰은 언제나 즉시 이용 가능하다. 바로 이 특징이 커머스와 결합됨으로써 새로운 가치가 창출되는 것이다. 스마트폰 등 휴대형 단말기를 통해 이동 중에도 필요한 물품을 바로 구매할 수 있다.

다) 편재성Ubiquity

모바일 커머스 시장에서는 언제 어디서나 휴대 단말기를 사용하여 실시간으로 정보 습득이 가능하다. 소비자는 실시간으로 시간과 장소에 상관없이 정보를 수집할 수 있다. 기업은 모바일 단말기를 이용하여 언제 어디서나 고객에게 다가갈 수 있고, 이용자의 정보를 얻을 수 있다.

라) 편리성Convenience

모바일 커머스는 휴대가 간편하다는 특징을 가진다. 단말기 휴대 및 조작이 용이하여 이용자가 쉽게 사용할 수 있다는 장점이 있다. 모바일 커머스 시장의 대부분의 소비자들은 스마트폰이나 태블릿 PC와 같은 단말기를 휴대함으로써 거래 활동을 하고 있다. 또한 현대의 단말기는 과거에 비해 매우 경량화되었고, 앞으로도 많은 기업들이 더욱 경량화된 단말기를 출시할 것으로 전망된다. 이는 앞으로의 모바일 커머스 시장의 발전에도 많은 영향을 끼칠 것이다.

마) 개인화Personalization

모바일 커머스는 개인의 특성에 맞춘 콘텐츠를 제공한다. 즉, 사용자의 개인적 특성에 맞도록 설계한 맞춤 서비스를 제공해준다. 이러한 개인화에 대해 고객들의 니즈가 높아지는 추세이며, 현재 다양한 기업들이 이러한 개인화 서비스를 제공하고 있다. 더 많은 기업들이 고객 유치를 위해 모바일 커머스 시장에서의 개인화 특징에 주목할 것이다.

바) 보안성Security

모바일 커머스는 단말기 이용에 따른 보안과 안전 보장이 무엇보다 중요하다는 특징을 가진다. 정보 통신 인프라 구축의 확대, 해킹과 바이러스의 융복합화에 의한 사이버 공격의 지능화로 많은 피해 사례가 발생하고 있다. 따라서 통제하고 제어하는 활동인 보안의 필요성이 증대하고 있다. 이러한 보안성을 위해 금융권 등에서는 생체 인증 등 다양한 인증 방법을 통해 모바일 서비스가 가능하도록 서비스를 제공하고 있다.

모바일 커머스 시장에서 보안과 관련된 이슈는 여전히 보완이 필요하다. 개인정보에 대한 보호에 대해서는 기술적인 부분과 관련되어 공급자가 더 강화된 보안 모듈의 개발이 필수적이다. 그러나 무엇보다도 사용자 스스로가 개인정보에 대한 경각심을 가지고 주의를 하는 것이 중요하다.

사) 위치성Localization

위치 정보를 활용할 수 있다는 점은 스마트폰의 가장 기본적인 강점이기 때문에 많은 앱들이 실제로 위치 정보에 기반하여 점포를 안내하는 등의 기능을 기본적으로 탑재하고 있다. 또한 단순히 근처 점포의 위치를 안내하는 수준이 아니라 쿠폰 발행을 통해 할인을 제공하거나 특별 서비스를 제공하는 방법을 통해 보다 적극적으로 점포 방문을 유도하기도 한다.

모바일 커머스는 단순히 모바일을 통해 물품을 구매하는 것뿐만 아니라 서비스를 구매하는 것도 포함하고 있는 개념임을 상기할 필요가 있다. 예를 들어 치폴레Chipotle라는 미국의 유명 멕시칸 그릴 레스토랑은 스마트폰의 위치 정보를 통해 점포를 찾는 것뿐만 아니라 메뉴를 주문하고 결제까지 마칠 수 있도록 되어 있다. 이용자는 레스토랑에 방문하여 바로 준비된 식사를 할 수 있다. 레스토랑에 가서 기다릴 필요가 없으며 음식을 주문할 필요도 없고, 음식을 주문한 후 기다릴 필요도 없는 것이다.

또한 모바일 커머스와 밀접한 관계를 갖고 있는 것이 바로 모바일 광고인데, 위치 정보와 광고가 결합함으로써 더 적극적으로 상거래를 유도할 수 있게 된다. 위치 정보 기반 서비스를 활용하는 모바일 광고의 기본 작동 방식은 다음과 같다. 스마트폰에서 콘텐츠를 조회하자 근처 점포의 광고가 나오게 되고, 광고를 클릭하면 해당 점포의 위치를 나타내는 지도와 함께 해당 점포를 찾아가는 방법을 자세하게 제공하는 '찾아가기' 버튼과 점주와 바로 통화를 할 수 있는 '전화 연결' 버튼이 보여지게 된다. 이때 광고를 클릭하거나 또는 전화를 연결할 때 광고주에게 과금을 하게 된다. 이러한 방식은 PC에서는 경험할 수 없었던 것으로 이용자에게는 광고를 넘어선 정보의 성격을 띠게 되며, 이용자들로 하여금 상거래를 유도함으로써 점주가 이익을 보게 되는 방식으로 이용자와 점주 모두에게 보다 나은 혜택을 제공한다.

전통적인 전자상거래 활동과 비교할 때 모바일 커머스에는 다음과 같은 몇 가지 특징이 있다.

첫째, 더욱 개방적이고 포용적이다. 모바일 비즈니스 무선화 때문에 누구든지 쉽게 인터넷 세계에 접속할 수 있게 하여 네트워크의 범위가 더욱 넓고 더욱 개방되게 한다. 동시에 사이버 가상 기능이 더욱 현실성을 띠게 하여 더욱 포괄적이다.

둘째, 언제 어디서나 존재하고 있다. 모바일 커머스의 가장 큰 특징은 자유와 개성화다. 전통 커머스는 사람들에게 네트워크가 가져다주는 편리함과 즐거움을 느끼게 해 주지만, 한계가 유선 접속에 있어야 하고, 모바일 전자상거래는 이러한 단점을 보완할 수 있다. 휴대 단말기를 이용하여 사람들은 언제 어디서나 결제, 정기권 또는 쇼핑, 독특한 비즈니스 체험을 할 수 있다.

셋째, 잠재 사용자 규모가 크다. 컴퓨터와 모바일 단말기의 보급 정도에서 볼 때 모바일 단말기는 컴퓨터를 훨씬 초과한다. 그리고 사용자 규모는 인구수에 유사할 정도로 엄청나게 증가하였다. 모바일 커머스는 사용자 규모에서나 사용자의 소비 측면에서 전통적인 전자상거래보다 훨씬 우위에 있다는 것을 알 수 있다.

넷째, 사용자의 신분을 비교적 쉽게 확인할 수 있다. 전통적인 전자상거래의 경우, 사용자의 신용 문제는 항상 개발에 영향을 미치는 문제였지만, 모바일 커머스는 이점을 갖고 있다. 휴대전화번호는 고유하고 휴대전화의 SIM 카드에 저장된 사용자 정보가 사용자의 신원을 결정할 수 있기 때문에, 휴대전화의 실명 시스템의 구현에 의해 신원 확인이 더 쉬워졌다. 모바일 커머스에 있어 신용 인증의 기초가 된다.

다섯째, 고객 맞춤형 서비스가 가능하다. 휴대전화는 PC보다 연결성과 확장성이 뛰어나기 때문에 모바일 커머셜 생산 업체는 보다 능동적으로 대처하고 다양한 고객에게 맞춤형 서비스를 제공할 수 있다. 예를 들면 전개에 의존하는 고객을 활성화하고 잠재 고객 정보가 포함된 데이터베이스의 개성화 메시지 서비스 활동 및 무선 서비스 제공 업체를 제공 이용 인구 통계 정보와 모바일 전화 위치 정보를 근거로 볼 때, 상가 통과할 수 있는 개성의 메시지 서비스 활동을 더욱 목적성 있는 광고를 통해 고객의 수요를 충족시킨다.

여섯째, 모바일 커머스는 보급하기 쉽다. 모바일 통신이 가지고 있는 쓰기 편리한 특점은 모바일 전자상거래가 대중화에 더욱 적합한 개인 소비 방면을 결정하였다. 예를 들면 자동판매기, 주차장 시간 계산기 등이 포함된다. 반자동 지불 시스템에는 상점의 수납기, 택시 요금 계산기 등이 포함된다. 일상 비용 수납 시스템에는 물, 전기, 가스 등 비용의 수납 등이 포함된다. 모바일 인터넷 접속 및 지불 시스템에는 상점에 등록한 WAP 사이트의 구매 등이 포함된다.

일곱째, 모바일 전자상거래 영역은 기술 혁신이 더욱 쉽다. 모바일 전자상거래 분야는 IT, 무선 통신, 무선 접속, 소프트웨어 등과 관련된 데다 비즈니스 방식이 더 다양하고 복잡해서 분야에서 새로운 기술이 나오기 쉽다. 5G 네트워크의 흥기와 응용과 더불어 이런 신흥 기술은 더욱 좋은 제품이나 서비스로 전환되고 있으며, 모바일 전자상거래 분야는 다음 기술 혁신 영역으로 진화하고 있다.

마지막으로, 소셜 미디어와 커머스의 연계 활용 가능성이다. 스마트폰에서 가장 많이 이용하는 서비스 중의 하나가 바로 페이스북, 인스타그램, 트위터 등과 같은 소셜 미디어이다. 또한 소셜 미디어에서 수익을 창출할 수 있는 가장 효과적인 분야가 바로 커머스이기 때문에 소셜 미디어와 커머스를 결합한 소셜 커머스가 최근 큰 관심사로 떠오르고 있다. 그에 따라 모바일에서도 소셜 미디어를 잘 연계하는 것이 중요하게 됐다.

페이스북과 트위터는 전 세계적으로 가장 성공한 소셜 미디어다. 최근 등장한 온라인 쇼핑 서비스들은 페이스북 및 트위터 연동을 기본적으로 지원하는 경향이 있다. 이용자들의 쇼핑 활동 내역을 페이스북 및 트위터와 연계함으로써 입소문을 일으키고 그 결과로 강력한 프로모션 효과를 만들어 내는 것이다. 또한 이러한 소셜 커머스를 통해 물건 구매한 사람들의 리뷰가 다른 이용자들의 구매 욕구를 부추기기도 한다. 실제로 온라인 커머스 내의 상품 리뷰에는 구매자들이 다양한 사진과 함께 색감, 질감, 냄새, 가격, 총평 등 다양하고 유익한 정보의 리뷰를 남겨 구매 의사 결정에 도움을 주고 있다.

3. 모바일 커머스 유형 및 사례

스마트폰 사용의 일상화 등 휴대 단말기 사용이 일반화됨으로써 모바일 커머스 시장의 규모는 일반 전자상거래 시장 규모와 차이가 없을 정도로 성장하였다. 모바일 커머스의 유형은 거래 주체에 따라 B2B, B2C, C2C, B2G, C2G 등으로 일반적인 전자상거래의 유형과 유사하게 나눌 수 있다.

3.1_B2B(Business to Business)

기업과 기업의 거래B2B는 기업 상호 간의 거래에 인터넷을 비롯한 컴퓨터 네트워크를 이용하여 상품을 서로 구입하는 활동뿐만 아니라, 제품의 실제 광고, 주문, 납품, 회수 등이 이루어지는 거래 형태를 말한다. 모바일 커머스에서의 B2B 모델도 이와 비슷한 형태를 가진다. 기업과 기업 간의 전통적인 거래를 인터넷으로 모바일화한 것을 의미한다. 예를 들면, 현재 종합상사들이나 유통 회사들이 산업별 또는 부문별로 공급자 또는 판매자와 구매자를 연결하는 모델들은 모두 B2B로 중개 역할을 통한 비즈니스 모델들이다. 기존의 오프라인의 서류 등을 통한 구매를 모바일을 통해서 진행하는 것이 모바일 커머스의 한 유형인 B2B라고 할 수 있다.

모바일 커머스 시장에서 기업들은 지리 정보 시스템GIS과의 연계를 통해 인터넷상으로 화물 및 차량의 위치 정보를 주고받는다. 또한 모바일 기기를 이용하여 거래 기업 간의 전자문서교환EDI을 진행한다. 이를 통해 신속한 정보 제공이 가능해지며, 기업고객의 공급망 관리SCM를 효과적으로 진행할 수 있다.

모바일을 이용한 B2B는 모바일 커머스의 특성인 이동성 즉, 위치확인성이 가능하다는 점에서 물류 분야에서 많이 사용되고 있다. 또한 실시간 정보 확인이 가능한 모바일 커머스의 특성으로 인해 POS(point of sales) 분야에서도 활발하게 사용되고 있다. 이러한 모바일 커머스 시장에서의 B2B 거래는 많은 비용 절감 효과와 거래 속도의 향상을 가능하게 하고 있다.

결론적으로 B2B란, 기업과 기업 사이에 일어날 수 있는 다양한 거래를 의미한다. EDI를 통한 기업과 공급업자 간의 문서 발주, 부품의 상호 조달 및 운송망 공유, 무역업 및 제조업의 부품 조달 등이 모바일로 이루어진다면, 모바일 커머스에서의 B2B가 될 수 있다. 기업과 금융 기관 간의 전자자금 이체 또한 이에 해당된다고 볼 수 있다. 모바일 커머스의 B2B는 보안 및 네트워크, 이동통신 기술의 발달로 확산되고 있다.

3.2_B2C(Business to Consumer)

전자상거래에서의 B2C는 기업과 개인 간 거래 형태로서 웹의 출현으로 인한 인터넷 사용의 폭발적인 증가로 점차 확산되고 있는 전자상점에서의 소규모 구매를 말한다. 모바일 커머스에서의 B2C도 이와 비슷하지만, 그 종류가 훨씬 다양하다는 점에서 차이를 보인다.

[표 4.3] B2C 거래 유형

유형	특성
상품 판매형	기업이 온라인상에서 소비자가 원하는 상품을 제공하고 거래를 발생시키는 형태
정보 및 서비스 제공형	기업이 온라인을 활용하여 소비자에게 정보나 서비스를 제공하고 거래를 발생시키는 형태
중개형	중개 서비스의 주체인 온라인 기업이 기업과 소비자, 소비자와 소비자를 연결하여 거래를 발생시키는 형태

모바일 커머스는 기존의 유선 디지털 콘텐츠보다 많은 환경을 제공하고 있다. 위에 제시된 이동성, 개인화, 즉시접속성과 같은 모바일 커머스의 특징으로 인해 보다 많은 서비스를 제공할 수 있게 되었다. 많은 스마트폰 이용자들이 일상생활에서 흔히 접할 수 있는 것이 바로 이러한 모바일 커머스의 B2C이다.

스마트폰 이용자들이 사용하는 대부분의 애플리케이션 또한 이러한 B2C의 한 유형이라고 볼 수 있다. 스마트폰을 이용한 모바일 게임, SNS 등도 B2C에 속한다. 모바일 뱅킹은 모바일 기기를 통해 기존의 은행에서 제공받던 여러 형태의 서비스, 자금 이체, 계좌 조회, 입금 여부 확인, 현금 서비스 등을 현금자동입출금기ATM이 아닌 모바일 기기를 통하여 제공하는 형태이다. 은행들은 모바일 뱅킹을 도입했다. 은행의 애플리케이션을 다운받은 이용자는 공인인증서나 지문 인식 같은 보안을 거친 후 편리하게 은행 업무를 처리할 수 있다. 시공간의 제약에서 벗어나 걸어 다니며 은행 거래를 할 수 있는 모바일 뱅킹은 은행이라는 기업에서 소비자에게 제공하는 서비스의 한 형태라고 말할 수 있다.

택배 업체들은 무선이동통신인 PCS와 개인정보 단말기인 PDA, 스마트폰을 연계한 모바일 시스템을 도입하여 실시간 화물 및 차량의 위치 파악 서비스를 제공하고 있다. 택배 회사 한진은 이러한 모바일 시스템을 최초로 도입하여, 인터넷 베이스의 택배 신정보 시스템과 연계한 유무선 통합 네트워크를 통해 택배 사업의 핵심 역량인 정보 인프라를 완성하였다. 이를 통해 고객 서비스의 향상은 물론, 세계 유수 택배 업체와의 본격적인 경쟁 체제를 갖추기도 하였다.

많은 소비자들이 이러한 시스템 도입으로 인해, 보다 편리하게 모바일 커머스를 이용하고 있다. 이렇듯, 모바일 커머스 시장에서의 B2C는 홈쇼핑, 홈뱅킹, 온라인 광고 등 쇼핑몰 중심으로 거래가 이루어진다. 교육, 서적, 음반이나 오락, 상품권, 예약 서비스까지 다양한 분야에서 이루어지고 있다.

기업입장에서는 상점 임대료 및 유지비가 들지 않는다는 장점이 있기 때문에, 이러한 B2C는 앞으로 더 활발해질 것으로 전망된다. 기업은 모바일 커머스를 경영 활동에 적용함으로써 다양한 이익을 향유할 수 있게 되었다.

근로자의 생산성 향상에는 실시간 생산, 영업, 고객 등에 관련된 정보 교류를 통해 근로자들의 생산성 제고를 파악할 수 있다. 거래 비용 절감 부문에는 언제 어디서든지 손쉽게 정보 교환이 가능함으로써 거래 비용을 대폭 축소할 수 있으며, 불필요한 자료 관리 해소를 하고 필요한 자료를 실시간에 사용자에게 전달 보관함으로써 거대하고 복잡한 자료 관리 부담 완화할 수 있다.

생산, 공급 과정, 분배상의 효율성 증가는 경영 당사자들 간 정보 교환의 원활화를 통해 경영 활동의 효율성 향상이 가능하다. 소비자 서비스 증가와 만족 증대 부문에는 음성 정보 제공 등으로 소비자 서비스 내용 다양화와 이를 통한 소비자 만족 극대화를 할 수 있음은 물론, 경쟁력 향상을 함으로써 비용 절감 등으로 경쟁력 제고와 영업 기회 증가에 대한 다양한 서비스 제공 등에 의해 새로운 영업 기회를 발생시킬 수 있다.

3.3_C2C(Consumer to Consumer)

C2C는 소비자 대 소비자 간의 일대일 거래 모델로, 이러한 경우 소비자는 상품을 구매하는 주체이면서 동시에 공급의 주체가 되기도 한다. C2C 방식은 인터넷이 소비자들을 직접 연결시켜 주는 시장의 역할을 하게 됨으로써 발생한 거래 형태로 매매 당사자 양측이 하나의 온라인 거래 형식을 이용한다. 판매자는 인터넷을 통하여 스스로 상품을 제시하고 경매에 올릴 수 있으며, 구매자는 스스로 상품을 선택하고 가격 경쟁을 진행한다.

모바일 C2C는 기존의 온라인에서 행해지던 모델이 모바일로 옮겨간 형태로 소비자 간에 직접 거래하는 모바일상의 전자상거래를 말한다. 다시 말하면, C2C는 개인 간의 거래, 즉 소비자와 소비자 간 거래를 의미한다. 중개기관을 거치지 않고 소비자들이 모바일 기기를 활용한 인터넷 환경에서 바로 직거래하는 방식이다. 미국의 이베이, 중국의 타오바오, 한국의 옥션, G마켓, 그리고 중고나라 같은 형태의 거래가 대표적이다.

제품과 서비스에 대한 리스크나 신뢰도 문제가 있기는 하지만, 여러 가지 보호장치로 개선되고 있으며, 어느 정도 모바일 플랫폼의 중간 개입이 있기 때문에 과거의 걱정만큼 위험한 것만은 아니다. 쉽고 빠른 개인 간 거래가 특징이다. 카카오, 밴드 등 SNS를 통한 개인 간 거래도 늘어나고 있다. 지역 기반 C2C 중고 거래 서비스는 기존의 중고 거래 서비스뿐 아니라 주민들 간 무료 나눔 문화를 함께 형성하면서, 이용자 간 불신 해소에 주력한 모바일 커머스 플랫폼이다.

3.4_B2G(Business to Government)와 C2G(Consumer to Government)

모바일 커머스 시장이 성장하면서 B2B와 B2C 간의 거래를 넘어 기업과 정부, 개인과 정부 간에도 모바일을 통해 물건을 사고팔거나 정보를 주고받는 방식이 등장했는데, 이러한 거래방식이 B2G와 C2G이다. 예전에는 이러한 B2G와 C2G가 활성화되어 있지 않았지만, 그 규모가 급격하게 성장하여 최근에는 기업과 정부 간의 거래, 개인과 정부 간의 거래가 모바일로 많이 이루어지고 있다.

B2G와 C2G에서의 'G'는 단순히 정부를 뜻하기도 하지만 넓게 보면 지방정부, 공기업, 정부투자기관, 교육기관, 국제기구 등의 의미를 지니며, 이러한 공공조달에 필요한 B2G와 C2G 시장이 형성되기 위해서는 서비스 제공 기업, 하도급 업체는 물론, 국제 공공조달에 필요한 법과 컨설팅 업체 등 다양한 주체가 존재해야 한다.

오늘날의 B2G와 C2G는 일상생활에서 다양한 형태로 접할 수 있다. 정부가 생활보호 지원금이나 자진 신고, 세금 환불 등을 전자적으로 수행하고자 할 때 사용되는 유형인데, 이러한 업무를 모바일로도 처리 가능하다. 회사와 정부 조직 사이의 거래는 주로 무역, 물류, 조달 EDI 분야에서 많이 사용된다. 스마트폰에서의 단 몇 번의 터치만으로, 신속하게 증명서 발급이 가능하다.

예를 들어서 국세청 홈택스 애플리케이션에서는 세금 신고, 현금영수증 사용 내역 조회, 전자세금계산서 발급 및 조회, 세금 신고 내역 조회 등의 서비스를 제공하고 있다. 이를 통해 기업이나 개인은 모바일로도 세금 관련 업무를 전자적으로 수행할 수 있다. 4차 산업혁명 시대에, B2G와 C2G는 더욱 발전할 전망이다.

제5장
O2O 커머스

1. O2O 서비스의 개념과 특성

O2O(Online to Offline)란 ICT(Information and Communications Technologies) 기술을 기반으로 온라인을 통해 고객을 유치하여 오프라인으로 소비자를 유도하는 방식이다. 다시 말하면, O2O는 인터넷 플랫폼, 특히 모바일 환경을 통해 오프라인의 비즈니스 기회를 인터넷(온라인)으로 연결하는 새로운 커머스 모델을 의미한다. 초기의 O2O는 오프라인 매장을 가진 업체들이 매장 유입 및 판매 활성화를 위해 인터넷 기반의 소셜 커머스에 단순 입장하는 방식의 서비스를 제공하였으나, 최근에는 방향성에 관계없이 온라인과 오프라인을 실시간으로 연결하는 온디맨드on-demand 플랫폼의 형태로 서비스가 제공된다. 특히 스마트폰의 보급으로 모바일 사용자가 늘어나기 시작하면서, 쿠폰 발행 등 혜택 제공 중심의 서비스나 예약 등의 단순한 서비스를 벗어나, 음식 배달 서비스에서부터 부동산, 택시, 가사, 뷰티 서비스 등 일상생활에 필요한 모든 분야로 서비스의 범위가 확대되었다.

O2O는 ICT 기술을 기반으로 온라인을 통해 고객을 유치하여 오프라인으로 소비자를 유도하는 방식이다. 예를 들어 근거리통신NFC : Near Field

Communication 기술이나 위치 기반LB : location based 기술을 활용해 오프라인 매장 주변의 소비자에게 할인쿠폰을 발송하여 잠재 고객을 오프라인 매장으로 유치하는 것이다. 이렇게 유치한 고객들을 통해서 축적된 데이터를 분석해 효과적인 마케팅 방법도 도출할 수 있다. 방문고객의 정보를 기반으로 충성도가 높은 고객에게 더 많은 혜택을 제공하는 등 정교한 고객관리도 구현 가능해 오프라인 매장의 수익을 증대시키는 수단으로 사용되고 있다.

O2O 서비스는 온라인 플랫폼의 일종으로, 양면 시장 또는 다면 시장의 특성을 보인다. O2O 서비스는 다양한 오프라인 서비스를 연결하는 중개 업체(O2O 플랫폼), 오프라인 서비스를 제공하려는 기업 및 개인들(공급자), 이들 서비스를 선택하는 소비자(이용자)로 구성된다. 공급자와 이용자는 O2O 플랫폼을 통하여 온라인에서 연결이 되어있다. O2O 서비스가 갖는 이러한 온라인 플랫폼의 특성은 전통적인 거래 시스템이 가지고 있는 한계를 극복하여 거래 비용을 줄이고 더 많은 거래가 효율적으로 이루어지도록 만든다.

O2O 서비스를 이용하면 기존 시스템에서는 성립하기 어려운 개인 간 거래나 맞춤형 제품·서비스의 유통이 가능해지고, 이용자 간 정보 공유로 정보의 비대칭성이 축소된다. 공급자의 입장에서는 간접비와 중개인의 필요성을 축소시켜, 신규 사업자의 시장 진입을 촉진한다. 또한 거래 가능성의 증가는 소비 패러다임을 재화의 소유에서 사용으로 이동시킨다. 이러한 과정에서 O2O 서비스는 서비스를 제공하는 기업과 이용하는 소비자의 후생에 영향을 미칠 뿐만 아니라 산업 구조 및 고용 양식에도 큰 변화를 가져온다.

O2O(Online to Offline) 방식은 새롭게 등장한 전자상거래의 한 형태이다. 인터넷 온라인 구매와 오프라인 서비스와 연결된 전자상거래 모델이다. 소비자들

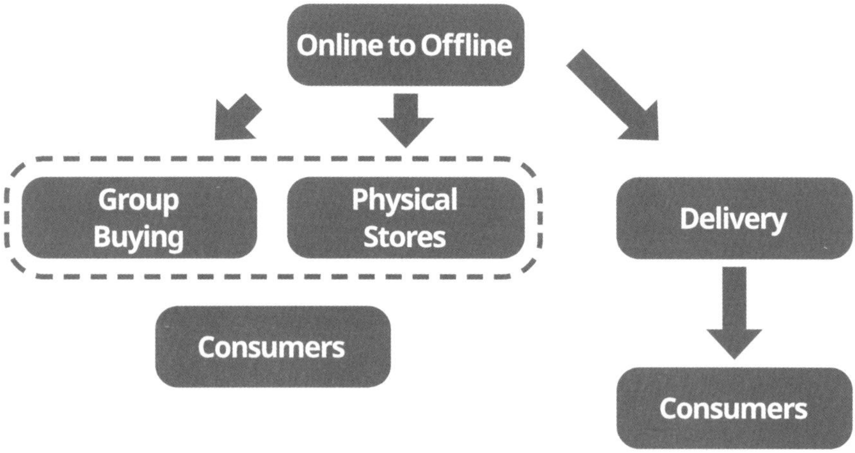

[그림 5.1] O2O 프로세스

이 온라인 쇼핑몰을 통하여 다양한 상품 및 서비스를 비교한 후 거래를 진행하고 온라인 상태에서 지불한다. 그다음에는 여러 종류의 증거물을 가지고 오프라인의 현실 세계의 상가를 찾아서 상품이나 서비스의 소비를 완료한 것이다.

O2O 방식의 특징은 다음과 같다. 소비자에게 O2O는 풍부하고 전면적이고 급속한 상가의 정보를 제공하고 빠른 속도로 어울리는 상품이나 서비스를 골라내고 예약할 수 있다. 가게에는 지리적 위치 의지성이 내릴 수 있고 가게 세금 부분의 지출이 감소하도록 유도하며, 고객과의 감정을 계속 유지할 수 있어서 더 정확한 마케팅을 할 수 있다. O2O 서비스는 오프라인 매장의 활성화를 가져올 서비스로 각광받고 있다. 스마트폰이 대중화된 현대사회의 소비자들이 오프라인 매장에 접근할 경우 상황에 따른 맞춤 정보 제공으로 자연스러운 구매를 유도할 수 있기 때문이다. [그림 5.1]은 O2O의 기본적인 프로세스를 나타낸다.

O2O 서비스의 구분은 다양한 기준에 의해서 이루어질 수 있으나, 가장 직접적이고 직관적인 분류는 사업 부문이나 제공하는 서비스의 종류에 따라서 분류하는 것이다. 서비스 유형별로 국내 대표적인 O2O 서비스를 제공하는 서비스의 종류에 따라서 분류하면 [표 5.1]과 같다.

O2O 서비스가 갖는 온라인 플랫폼의 특성은 전통적인 거래 시스템이 가지고 있는 한계를 극복하여 거래 비용을 줄이고 더 많은 거래가 효율적으로 이루어지도록 만든다. Lobel은 온라인 플랫폼이 거래에 미치는 영향에 대하여 다음

[표 5.1] 국내에서 제공되는 O2O 서비스의 종류

서비스 종류		서비스 제공 사업자
음식 서비스	음식 배달	배달의 민족, 배달통, 요기요 등
	신선식품·재료 배달	마켓컬리, SSG, 오늘회, 오아시스 등
	음식점 예약	식신, 포잉, 시럽테이블, 서빙 등
차량 서비스	택시 호출	카카오택시, 이지택시, 티맵(Tmap) 택시 등
	대리운전	카카오드라이버, 버튼대리 등
	차량 공유	쏘카, 그린카 등 시간 단위 대여가 가능한 렌터카 서비스
	승차 공유	타다, 카카오 카풀(럭시 포함), 풀러스 등
	주차·차량 관리	주차의 달인, 모두의 주차장 등
숙박	숙박 업체 예약	호텔스컴바인, 야놀자, 여기어때 등
	주택 공유	에어비앤비(Airbnb) 등

과 같은 10가지 측면에서 설명하고 있다.

거래 가능성의 증가 : 모바일 기술의 파급으로 연결성이 확장되면서 플랫폼은 낯선 사람들을 전 지구적 범위에서 연결시켜, 기존에는 거래가 일어나지 않던 개인 간의 자산도 거래할 수 있도록 만든다.

유휴 자원의 감소 : 플랫폼은 물리적 자산뿐만 아니라 인간의 노동, 기술, 지식 등의 유휴 자원을 시장에 편입시켜 소득을 창출하는데, 유휴 자원의 공급이 늘어나면서 비용이 감소하고 사회 전체의 효율성이 증가한다.

거래 단위의 다양화 : 플랫폼은 제품이나 서비스의 대여· 공급 단위를 다양하게 만든다. 예를 들어, 시간 단위 차량 대여나 분 단위의 심부름 서비스와 같이 짧은 시간의 거래가 가능해지고, 반대로 여러 가족이 모여 여행을 갈 때 여러 개의 호텔방을 빌리는 대신 큰 집 하나를 며칠간 빌리는 것이 가능해진다. 이는 수많은 개인이 즉각적으로 소통하여 자신에게 맞는 거래 대상을 찾을 수 있기 때문이다.

비공식적인 서비스의 시장화 : 이전에는 가족이나 친구, 지인에 의해 무료로 제공·교환되던 서비스가 금전적인 관계로 대체된다. 플랫폼에서 이루어지는 이러한 비공식적인 교환 행위의 시장화는 대여나 거래 행위의 가치를 금전적으로 산출할 수 있게 되면서 가능해진다.

맞춤형 제품의 유통 : 경기침체나 1인 가구의 증가로 소비자들은 낮은 가격에 작은 단위로 포장된 상품을 원한다. 반대로 소비자들은 자신의 취향에 맞는 상품을 구매하기 위하여 검색에 자원을 소모한다. 플랫폼상에 등록되는 상품의 종류가 다양해질수록, 개인의 요구를 정확히 맞추는 소비가 가능해진다.

소비 패러다임의 전환 : 유휴 자원의 감소는 소비 패러다임이 재화를 소유하는 것에서 사용하는 것으로 이동하면서 발생한다. 차를 소유하는 것보다는 내가 필요할 때 차를 사용할 수 있다는 점이 더 중요해진다. 특히 도시화의 진행에 따른 집적의 불이익은 이러한 소비 패러다임의 전환을 심화시킨다.

간접비의 감소 : 플랫폼은 물리적인 중개인의 필요성을 감소시켜 분권화된 거래가 가능하게 하며, 온라인 플랫폼은 오프라인 중개인에 비하여 적은 비용이 필요하도록 만든다.

낮아지는 진입 장벽 : 낮은 간접비는 온라인에서 경쟁하기 위한 초기 비용을 줄여, 기존 사업자에 의하여 견고하게 유지되던 산업에 신규 사업자가 들어가기 쉽도록 만든다.

정교해지는 가격 설정 : 에어비앤비가 처음 서비스를 시작했을 때, 리스트에 등록되는 숙소에 대하여 가격 책정이 어렵다는 것을 발견했다. 그러나 사업이 진행되고 데이터가 축적되면서, 숙소의 위치, 다른 숙소와의 유사성, 대여 일시 등을 고려한 맞춤형 가격 제안 알고리즘을 발견하였다. 우버 또한 수요에 따라 가격을 조정하여 운행하는 차량의 수를 효율적으로 조정한다. 데이터 축적에 따라서 진화하는 이러한 가격 책정 알고리즘은 상품의 가치 평가를 정교하게 만들고, 협상과 불확실성에 의한 비용을 줄여준다.

정보 : 정보 비대칭성은 거래 비용을 증가시키는데, 소비자들은 구매 시점에서 제품 · 서비스의 질을 알기 어렵다. 플랫폼은 이러한 정보의 부재를 평점이나 리뷰, 정보 제공을 통하여 불확실성을 줄이고 소비자의 신뢰를 강화한다.

O2O 서비스가 갖는 영향력은 서비스를 제공하는 기업과 이용하는 소비자의 후생에 영향을 미칠 뿐만 아니라 산업 구조 및 고용 양식에도 큰 변화를 가져온다. 특히 새로운 유형의 서비스가 등장하면서 발생하는 규제 이슈 및 사업

자 간 갈등은 국내 서비스 산업의 혁신을 저해하는 주요인으로 인식되고 있다. 그러나 O2O 서비스의 파급이 가져오는 변화는 O2O 서비스의 사업 모델에 따라서 다르게 나타나게 마련이다. 따라서 O2O 서비스가 시장에 미치는 영향을 분석하기 위해서는 현재 국내에 제공되는 O2O 서비스의 사업 모델을 파악하고, 각기 다른 사업 모델들이 운영되는 방식과 이슈가 되는 부분을 분석할 필요가 있다.

2. O2O 서비스의 유형

O2O 서비스의 분류는 일반적으로 사업 부문이나 제공하는 서비스의 종류에 따라서 이루어졌다. 그러나 사업 모델이나 사업자 간 갈등 구조, 경제적인 효과를 분석하기 위해서 O2O 서비스의 참여자 유형과 서비스의 제공 방식에 따라 P2P형, B2P형, B2B형의 세 가지로 분류하였다.

2.1_P2P 유형(공유경제형)

P2P유형(공유경제형)은 공급자와 이용자가 모두 개인인 경우로, O2O와 함께 새롭게 나타난 서비스 유형이다. 승차 공유나 숙박 공유, 인력 중개 O2O 서비스가 이에 해당한다.

P2P유형의 O2O 서비스는 기존 사업자와 유사하지만 정확히 동일하지는 않은 사업을 영위하여, 기존 공급자와 신규 공급자 간 갈등이 발생한다. 서비스 공급자의 측면에서 기존 사업자는 이용자의 일부가 P2P유형 서비스로 이탈하

기 때문에 매출과 일자리가 감소하지만, 신규 공급자의 경우 일자리 창출과 더불어 서비스 제공에 따른 매출이 경제적 이익으로 발생한다. 공급자 전체로 보았을 때에는 시장의 확장 효과로 인하여 전체적인 거래량은 증가하나, 이것이 경제적인 이익으로 반드시 이어지는 것은 아니다.

이용자 측면에서 기존 서비스 이용자는 동일한 서비스를 제공받으나, 경쟁에 의하여 서비스의 질이 높아질 수 있다. 신규 서비스 이용자는 O2O 서비스의 등장 이전보다 더 높은 편익을 얻게 되는데, 기존 서비스가 동일하게 제공되는 상황에서 신규 서비스를 선택하는 것은 신규 서비스가 제공하는 효용 수준이 더 높음을 의미하기 때문이다.

플랫폼 운영자는 양의 편익을 얻지만, 이것이 반드시 회계상의 영업이익으로 이어지는 것은 아니다. 고용의 측면에서는 일자리 자체는 증가하나 이들 고용이 일반적인 형태가 아니라 특수 형태 근로 종사자에 해당하므로 고용의 불안정성과 소득 변동성이 문제가 된다.

다시 말하면, P2P유형의 O2O 서비스는 개인 공급자가 자신이 소유한 자원이나 노동력을 플랫폼을 통하여 이를 필요로 하는 다른 개인에게 제공하는 형태의 서비스를 말한다. P2P유형에서 개인 공급자는 사업자의 형태로 등록된 전문화된 공급자가 아니며, 따라서 O2O 플랫폼을 이용하지 않고 서는 적절한 거래 상대를 찾을 수 없기 때문에 P2P유형에서 중개하는 서비스는 기존에 존재하지 않았던 형태일 가능성이 높다.

P2P형의 대표적인 사례로 우버Uber 등 승차 공유 서비스와 에어비앤비Airbnb와 같은 숙박 공유 서비스를 들 수 있다. 에어비앤비는 전 세계의 홈스테이(민박) 공급자와 수요자를 연결하는 O2O 플랫폼으로, P2P 네트워크와 신기술을

통해 예약 서비스를 제공하고 있다. 숙소 공급자인 집주인과 수요자인 여행객은 중개자인 에어비앤비 홈페이지나 앱을 통해 숙박을 공유하며, 에어비앤비는 객실 제공자로부터 대금의 3%, 이용자로부터 6~12%의 수수료를 받는다. 객실 제공을 원하는 공급자는 가격을 결정한 후 홈페이지에 장소를 등록하며, 이용자는 등록된 객실 목록을 여행지와 취향에 맞게 검색해서 선택 후 예약을 진행한다. 이용자들은 민박집 정보, 주인에 대한 정보, 투숙객에 대한 정보 공유 등 집주인이 제공하는 정보와 이용자들의 후기를 통하여 경험 이전에도 숙소에 대한 정보를 얻으며 신뢰와 안전을 확보한다. 또한 숙박 시설 공급자와 이용자의 신뢰 관계 구축을 위하여 예약 이전에 공급자와 이용자 모두 서로의 페이스북이나 트위터 등의 계정을 확인할 수 있도록 하였다. 최근에는 사업을 확장하여 숙소 주변의 여행지에서 제공하는 다양한 여가 활동을 제공하고 있어, 종합 여행 O2O 플랫폼으로 변신을 꾀하고 있다.

2.2_B2P유형

B2P유형은 기업이나 소상공인이 공급자로 O2O 플랫폼에 자신의 상품을 등록하면 개인이 플랫폼을 통해서 계약하는 형태의 서비스로, 계약의 이행이 일어나는 방식에 따라 이용자 방문형과 공급자 방문형으로 나뉜다.

이용자 방문형은 플랫폼에서 계약이 체결된 후 계약 이행을 위하여 이용자가 특정한 장소를 방문하는 경우로, 숙박업소 예약이나 음식점 예약, 뷰티 O2O, 액티비티 O2O 등의 예약 중심 O2O 서비스가 이에 해당한다.

공급자 방문형은 계약의 이행을 위하여 공급자 혹은 공급자의 대리인이 방문하는 유형의 서비스인데, 일반적으로 기존에 유사한 서비스를 제공하던 전화 기반의 중개 사업자가 존재하고, 공급자의 고용인이 개입하기 때문에 특수한 형태의 고용이 발생한다.

공급자 방문 B2P형은 배달형 서비스가 중심으로, 서비스 공급자의 본질은 변하지 않으나 배달에 대한 플랫폼의 역할에 따라서 시장이나 사업 모델의 확장을 가져오는데, 가령 기존에 배달을 제공하지 않았던 음식점들이 프리미엄 음식 배달 O2O 서비스를 통해 배달을 제공하는 방법으로 확장된다. 서비스 공급자의 입장에서는 거래량 자체가 늘어나나, 플랫폼이 예약과 거래, 물류·배달을 담당하는 경우가 많아 플랫폼과의 수수료 갈등이 일어난다. 소비자의 경우에도 선택 가능 항이 넓어지는 효과가 있으나, 플랫폼 사업자가 부가적인 서비스를 제공하면서 배달 비용 등의 비용을 청구하기 때문에 가격 자체는 올라가는 효과가 있다.

공급자 방문형 서비스는 배달 서비스나 택시· 대리 기사 호출처럼 플랫폼상에서 이루어진 계약을 이행하기 위하여 공급자 혹은 공급자의 고용인이 이용자를 방문하는 유형의 서비스이다. 공급자 방문형 서비스는 기존에 유사한 서비스를 전화로 제공하는 중개업자들이 존재한다. 음식 배달 서비스의 경우 전단지 중심의 전화 중개 사업자가 존재하며, 택시나 대리운전의 경우에도 중개하는 콜센터가 있기 때문에 이들 사업자와 O2O 기업 간의 갈등이 발생할 소지가 있다. 또한 서비스의 이행을 위하여 택배원 등 공급자의 고용인이 개입하기 때문에 다음에 설명할 B2B형의 서비스와 연계하여 추가적인 고용이 발생하기도 한다.

2.3_B2B유형

현재 O2O 서비스는 이용자가 일반 국민인 경우가 일반적이지만, 온라인 플랫폼이 확장하면서 기업 간 서비스에도 O2O가 적용되는 사례가 늘어나고 있다. 이 유형에 해당하는 서비스로 '바로고'나 '부릉'과 같은 배달 대행 O2O 서비스가 있으며, 서비스가 필요한 업체에서 O2O 회사에 제공하는 앱에 요청하면 기사가 배정되어 기업의 배달 업무를 수행해주는 형태로 운영된다. 이 유형은 특히 공급자 방문형 서비스와 연계하여 기존에는 배달을 제공하지 않았던 음식점에도 배달 서비스가 가능하도록 시장의 변화를 가져온다.

다시 말하면, B2B 유형은 기업 간 서비스에 해당하는 것으로, 기존의 퀵 서비스가 온라인 매칭으로 제공되는 형태로 운영된다. 예로써, '여기어때'는 출장과 직원복지 목적의 호텔과 리조트는 물론 펜션, 캠핑·글램핑, 게스트하우스, 중소형 호텔 등 숙박 시설을 예약할 수 있는 '여기어때 비즈니스'를 시작했다.

2.4_O2O 서비스 적용 사례

가) 숙박 O2O 서비스

숙박 O2O 서비스는 크게 숙박 공유 서비스와 숙박 예약 서비스로 구분된다. 숙박 공유 서비스는 유휴 자원을 활용하여 숙박 공유 서비스를 제공하는 서비스로 에이비앤비Airbnb가 대표적인 사업자이다. 서비

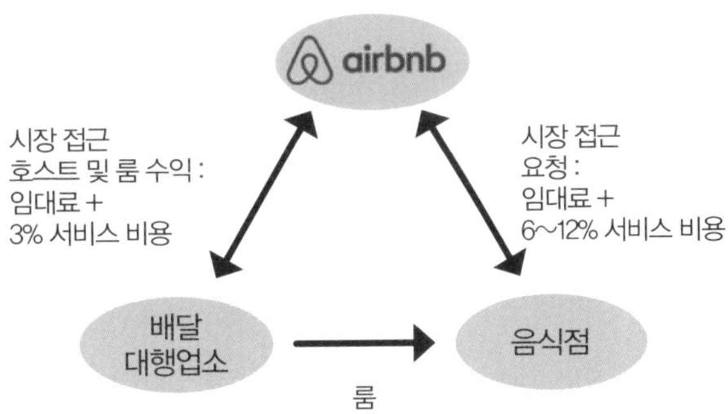

[그림 5.2] 에어비앤비(Airbnb) 비즈니스 프로세스

스 공급자는 플랫폼에 자신의 비어 있는 공간 관리를 위탁하여 장단기로 대여에 따른 수익을 얻을 수 있고, 서비스 이용자들은 숙박 예약 서비스를 통해 예약하기 어려운 현지의 숙박 공간과 현지화된 다양한 경험을 제공받을 수 있다. 숙박 예약 서비스는 호텔, 리조트, 모텔 등 숙박 시설 예약을 대행하는 온라인 플랫폼 서비스로 검색, 문의, 예약, 결제 및 기타 서비스를 제공한다.

나) 음식 관련 O2O 서비스

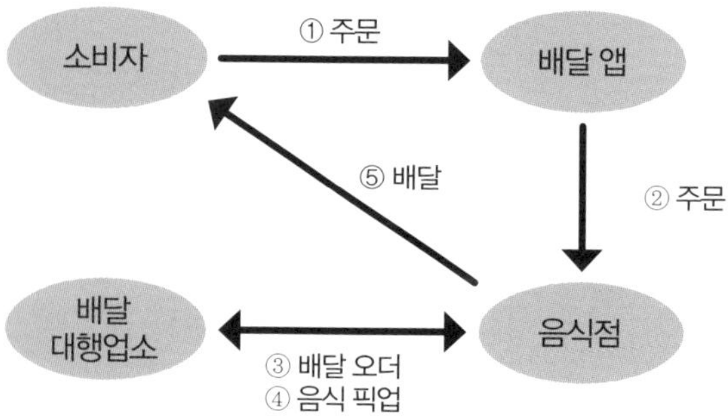

[그림 5.3] 배달의 민족 서비스 프로세스

음식 관련 O2O 서비스 시장은 식자재를 생산·유통하고, 식자재·반조리 식품·완제품을 판매 및 배달하고, 음식을 소비한 결과를 공유하는 다양한 업체들로 구성되어 있다. 여러 음식 관련 O2O 서비스 중에서 최근 가장 주목받는 분야 중 하나는 배달 O2O 서비스이다. 배달 O2O 서비스는 배달 앱을 통해 현재 제품 및 서비스를 받을 수 있는 업체를 확인하고, 주문하고, 등록된 카드로 자동 결제되고, 도착까지 상황을 추적 확인하는 서비스를 제공한다.

업체는 배달 앱을 통해 많은 그리고 다양한 고객에게 노출될 기회를 얻고, 특히 기존에 자체적인 배달·물류 기반이 없어 오프라인 매장만 운영하던 동네의 중소형 업체들에게 새로운 비즈니스 기회를 제공하며 새로운 시장을 창출한다.

다) 차량 O2O 서비스

차량 O2O 서비스는 자동차를 매개로 공급자와 사용자를 중개하는 다양한 서비스가 포함되는데, 승차 공유 서비스, 차량 공유 서비스, 차량 호출 서비스 등이 대표적인 비즈니스 모델이다. 승차 공유 서비스는 플랫폼을 매개로 차량을 소유한 운전자와 승객을 중개하며, 우버, 디디추싱, 그랩, 고젝, 우리나라의 카카오T, 타다 등의 서비스가 있다.

차량 공유 서비스는 단기 렌터카 방식의 쏘카SOCAR가 대표적인 업체이며, 승차 공유 서비스 업체들도 일부 차량 공유 서비스를 제공한다. 승차 호출 서비스는 사용자가 앱을 통해 택시를 호출하면 주변에 있는 회원 택시들을 연결해주는 서비스이다. 해외에서는 차량 공유 서비스에 대한 규제의 영향이 상대적으로 적기 때문에, 택시나 대리 기사 등의 서비스보다 승차 공유 서비스를 중심으로 서비스가 발전하고 있다. 미국의 우버와 리프트, 중국의 디디추싱, 동남아시아의 그랩택시 등 주요국들은 차량 공유 서비스가 빠르게 확산되고 있고, 전기 스쿠터와 자전거 등 여러 방식의 라이드 셰어링이 자리 잡고 있다. [그림 5.4]는 차량 공유 서비스인 우버Uber와 리프트Lyft의 비즈니스 모델을 나타낸다. 차를 소유하고 있는 사람과 차가 필요한 사람을 연결해주는 플랫폼으로 향후 자율주행차 전기 스쿠터, 자전거 공유 등으로 확대가 예상된다.

2.5_O2O 서비스의 경제적 파급 효과

P2P유형의 O2O 서비스는 공유경제 형태의 서비스와 관련되어 있다. 이 유형의 서비스는 온라인 플랫폼을 이용한 중개가 등장하기 이전에는 성립하기 어려운 사업 모형을 가지고 있으며, 기존 사업자들과 유사하지만 정확히 동일

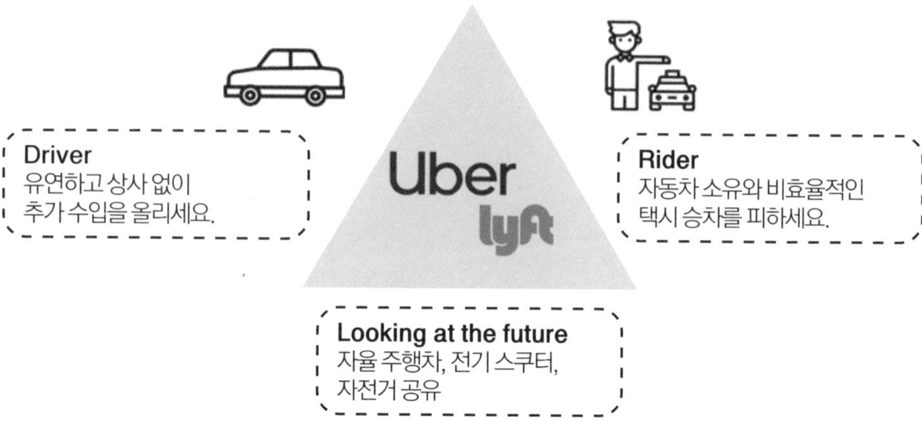

[그림 5.4] Uber & Lyft 비즈니스 모델(아이콘 : flaction)

하지는 않은 사업을 영위한다. 가령 우버 등의 승차 공유 O2O는 택시 사업과 유사한 서비스를 제공하며, 에어비앤비 등의 주거 공유 O2O는 숙박 사업자와 유사한 서비스를 제공한다. 이러한 예에서 기존 사업들은 사업을 영위하기 위하여 다양한 형태의 정부 규제(인·허가, 면허, 신고, 정기점검 등)를 받기 때문에, 기존 공급자와 신규 공급자 간의 갈등의 소지가 있다.

서비스 공급자 측면의 변화는 기존 방식의 사업자와 신규 공급자로 나누어서 생각해볼 수 있다. 기존 방식의 서비스 공급자는 이용자의 일부가 P2P형의 서비스로 이탈하기 때문에, 수요가 감소하고 이로 인하여 매출의 감소와 더불어 일자리도 감소할 가능성이 높다.

반면 신규 공급자의 경우 기존에는 해당 서비스의 제공에 전혀 참여하지 않았기 때문에, 일자리 창출과 더불어 서비스 제공에 따른 매출이 경제적 이익으로 발생한다. 이 경우 공급자 전체의 편익이 증가할지에 대해서는 명확하지 않다. 기존 공급자와 신규 공급자 간의 대체로 인하여 기존 공급자가 누리던 편익의 일부가 신규 공급자로 이동하는 효과와 더불어, 거래 단위의 감소나 맞춤형 서비스가 가능해짐에 따라 기존 서비스를 이용하지 않았던 사람들의 수요가 발생한다면 시장 자체의 확장 효과를 가져오기 때문이다. 또한 경쟁의 심화가 전체 서비스의 질을 높여 기존 서비스에 대한 수요를 견인하는 측면도 존재한다. 우버 서비스의 사용이 증가할수록 기존 택시에 대한 소비자들의 불만이 줄어드는데, 우버와의 경쟁으로 기존 택시기사들이 제공하는 서비스를 개선하고자 하기 때문이다.

이용자 측면에서도 기존 방식 서비스 이용자와 신규 서비스 이용자로 나누어 생각해볼 수 있다. 기존 방식 서비스 이용자는 기본적으로 동일한 서비스를 제공받게 되지만, 경쟁의 심화로 시장 가격이 감소하는 경우 이로 인한 추가적인 편익을 얻게 된다. 또한 경쟁의 심화가 서비스의 품질 개선을 가져오는 경우, 동일한 가격에 서비스를 제공받더라도 서비스의 가치가 높아져 편익이 증가할 수 있다. 신규 서비스 이용자의 경우 기존 서비스의 선택이 가능한 상황에서도 새로운 서비스로 이동한 것이므로, 기존 서비스가 제공하는 이상의 추가적인 편익이 발생하는 것을 알 수 있다.

또한 정량적으로 측정하기는 어려우나, O2O 플랫폼에서 거래되는 제품이나 서비스의 경우 다른 이용자의 평가 등을 통하여 불확실성을 줄일 수 있으므로, 이러한 효과 또한 소비자 편익의 일부로 생각할 수 있다.

한편, 고용의 측면에서 보면 P2P유형의 O2O 서비스에서 서비스를 제공하는 공급자는 특수형태 업무 종사자에 해당한다. 이들은 일정 기간 혹은 기간의 정함이 없이 사업체를 위해서 일하지만, 고용주와 종업원의 관계가 아니라 개인 사업자로 성과에 따라 보상을 받는 노동 시장 참여자를 나타낸다.

짧은 시간 동안 여러 업체를 통하여 일을 받고 개별적인 계약 관계를 맺는 이러한 노동 형태는 시장에 노동 공급을 하고 추가 소득도 얻을 수 있지만, 고용의 불안정성과 소득의 변동성은 문제가 된다. 한편, P2P유형의 서비스가 파급되면서 기존 서비스 공급자의 소득 및 고용 불안정도 증대되고 있어, 이 유형의 서비스에 대한 순고용 효과는 정확히 판단하기 어렵다.

B2P유형의 O2O 서비스는 기업이나 소상공인이 공급자의 역할을 하고, 이용자인 개인이 플랫폼을 통하여 공급자가 등록한 재화나 서비스를 구매하는 형태이다. B2P유형의 O2O는 계약의 이행이 일어나는 방식에 따라서 이용자 방문형과 공급자 방문형의 두 가지로 나눌 수 있다.

가) 이용자 방문 B2P유형

이용자 방문 B2P형은 온라인·모바일 예약 서비스가 중심으로, 공급자나 이용자가 명시적인 편익을 얻는 것은 아니다. 오프라인에서 제공되는 서비스의 본질은 이전과 동일하기 때문이다. 예약 관리나 온라인 플랫폼을 이용한 홍보 등의 수단을 활용하면 거래 비용이 감소하면서 시장의 전체적인 규모는 확장된다. 플랫폼은 수수료를 받거나 광고 비용을 받기 때문에 경제적인 이익을 얻는다. 그러나 플랫폼 사업 자체에는 진입하기 쉬운 구조로, 특히 기존의 ICT 플랫폼 기업이 이용자를 바탕으로 손쉽게 진출할 수 있어 대형 플랫폼과 중소 플랫폼 사이의 갈등이 일어나기 쉬운 유형이다. 고용에 대한 영향도 명시적으로 발생하진 않는다.

이용자 방문형은 플랫폼상에서 계약이 체결된 이후 계약의 이행을 위하여 이용자가 공급자가 지정하는 특정한 장소를 방문하는 경우를 가리킨다. '야놀자'나 '여기어때'와 같은 숙박업소 예약 서비스, '식신' 등의 음식점 예약 서비스, '헤이뷰티'나 'TLX'와 같은 자기 관리를 위한 O2O 서비스가 이 유형에 해당한다. 이 형태의 서비스에서 공급자는 O2O가 등장하기 이전과 동일한 유형의 서비스를 제공하며, 플랫폼의 역할은 공급자가 등록하는 정보의 제공과 이용자 간 경험의 공유, 예약 및 결제 대행과 같은 추가적인 서비스에 국한된다. 계약의 이행을 위해서 이용자가 공급자를 방문하기 때문에 추가적인 고용도 발생하지 않는다.

이용자 방문 B2P유형은 온라인·모바일 예약 서비스가 중심으로, O2O 서비스를 통한 거래가 진행되어도 공급자가 제공하는 서비스의 본질은 변하지 않는다. 따라서 O2O 서비스를 이용하기 때문에 발생하는 공급자의 편익은 크지 않다. 플랫폼을 통해서 체계적인 예약 관리 시스템을 사용하거나 플랫폼을 홍보의 수단으로 사용할 경우 노출의 기회가 많아져 매출 증가로 이어질 수는 있을 것이나, O2O 서비스에 입점하는 조건으로 광고비나 가입비를 내야 하는 경우, 또는 예약 결제 금액의 일부를 수수료로 내야 하는 경우라면 공급자의 후생 변화는 더욱 알 수 없게 된다.

이용자의 입장에서도 이용자 방문 B2P유형 서비스를 통해서 괄목할만한 후생의 증가를 경험하기는 어렵다. 새로운 공급자가 유입되거나 경쟁이 심해진다고 보기는 어렵기 때문에 가격의 큰 조정이 생기지는 않기 때문이다. 그러나 O2O 플랫폼이 공급자에 대한 정보를 한곳으로 집중시키고 다른 이용자의 경험을 유통시켜 정보 획득 비용이나 불확실성을 감소시키기 때문에, 이로 인한 정성적인 편익을 누릴 수는 있을 것이다. 또한 결제의 편의성이나 기존에 서비스를 받았던 내역을 쉽게 확인할 수 있는 것도 일부 긍정적인 영향을 줄 것이다.

플랫폼 사업자의 입장에서는 여전히 이익이다. 서비스를 무료로 제공한다 하더라도 O2O 플랫폼 자체가 광고 플랫폼의 성격을 띠고 있기 때문에, 공급자 측에 광고를 넣는 조건으로 일정한 비용을 청구할 수 있어 경제적인 편익을 얻는다. 또한 서비스 이용자의 예약 이력 등 정보를 수집할 수 있는 점도 플랫폼 사업자에게는 매력적으로 다가올 수 있다.

그런데 이 유형의 서비스는 플랫폼 사업에 대한 진입 장벽이 낮아 상대적으로 쉽게 진입할 수 있다. 특히 네이버나 카카오 등 ICT 플랫폼 기업이나 다른 O2O 기업이 다른 영역으로 사업을 확장하려는 경우, 기존에 자신의 플랫폼 위에서 거래하던 이용자를 바탕으로 빠르게 영향력을 미칠 수 있기 때문에 O2O 사업자 간의 갈등이 많이 일어나는 분야이다.

나) 공급자 방문 B2P유형

공급자 방문 B2P유형은 배달형 서비스가 중심으로, 최근 다양한 성장과 갈등이 동시에 일어나고 있는 분야이다. 서비스 공급자의 입장에서 제공하는 서비스의 본질은 변하지 않는 경우가 많으나, 제공되는 제품이나 서비스를 배달해주는 과정이 어떻게 일어나는지에 따라서 시장이나 사업 모델의 확장을 가져오게 된다. 가령 음식 배달의 경우 기존에는 서비스 공급자들이 예약부터 배달까지 전 과정을 처리하고 있었으나, 배달 앱 서비스가 등장한 이후에는 예약과 결제 부분은 O2O 서비스에서 처리하고, 심지어 배달도 O2O 업체에서 대신해주기도 한다. 따라서 서비스 공급자는 본연의 임무인 요리에 집중하고 나머지 과정은 O2O 업체에 위임하는 형태로 운영이 가능하여, 기존에는 배달 서비스를 제공하지 않았던 업체도 배달이 가능해지도록 만든다. 신선식품이나 음식재료 배달의 경우도 플랫폼의 역할이 큰데, 공급자는 생산만을 담당하고 플랫폼이 공급자의 발굴부터 물류, 포장, 거래, 배달 등의 많은 부분을 담당하고 있기 때문이다.

따라서 서비스 공급자의 입장에서는 수요 자체의 확장이 일어나서 거래량이 많아질 수 있으나, 플랫폼의 역할이 커짐과 동시에 플랫폼이 공급자에게 비용을 전가하는 방식에서 오는 갈등이 있기 때문에 거래량의 확장이 바로 공급자의 편익으로 이어지는지는 확실하지 않다. 이 편익 배분에 대한 문제로 공급자와 O2O 플랫폼 사이의 갈등이 일어난다. 거래량이 확대되기 때문에 공급자가 고용하는 직원의 수는 늘어난다.

소비자의 경우에도 이러한 서비스가 늘어나면서 선택 가능 폭이 넓어지는 효과가 있으나, O2O 플랫폼에서 부가적인 서비스를 제공하면서 배달비나 수수료를 수취하기 때문에 실제 가격이 오른 효과가 나타날 수 있다. 기존에는 일정 금액 이상이면 무료였던 배달 비용을 금액과 관계없이 부과하는 것도 O2O 수수료의 영향이 반영된 것으로 여겨진다. 그러나 아직은 배달 비용을 따로 부과하지 않는 업체도 많고, O2O 서비스에 따라서 주문에 대한 마일리지나 쿠폰 혜택을 주기 때문에, 전체적인 소비자 편익은 높아지게 된다.

공급자 방문 B2P유형에서 플랫폼 운영자는 많은 역할을 담당한다. 플랫폼 운영자는 공급자와 이용자로부터 플랫폼 서비스 이용에 따른 수수료나 광고 수입을 받지만, 새로운 사업 모델의 적용에 따른 기반 시설을 구축하는 데에 드는 비용 때문에 회계적으로는 적자를 볼 가능성이 높다. 또한 유통, 물류, 배달 등의 역할에서 플랫폼 기업의 고용이 증가하는데, 이를 직접 고용하는지 외주 형태로 고용하는지에 따라서 고용의 질에 차이가 나게 된다. 특히 외주 형태의 고용이 앞서 살펴본 P2P나 B2B 형태와 연계되면 배달원이 특수 고용인 형태로 노동 시장에 참여하여, 보험 적용이나 직업의 불안정성 등 여러 가지 사회적 문제를 야기할 수 있다.

3. O2O 커머스가 불러온 변화

오프라인과 온라인 리테일의 장점을 융합해 통합 판촉 효과를 높이는 것이 O2O 커머스다. 그동안 실력은 있지만 영세성 때문에 자신을 알리지 못했던 소매상들도 배달의 민족과 같은 O2O 플랫폼을 이용하면 손쉽게 자신을 알릴 수 있게 되었다. 오프라인 리테일의 한계인 마케팅의 부족과 지역적 제한성을 O2O 커머스를 통해 해결할 수 있다. O2O 커머스는 시장 참여의 기회를 넓혀 주면서 상거래의 효율성을 한 단계 끌어올린다.

온라인과 오프라인을 전방위로 융합해서 시너지 효과를 높이려는 O2O 커머스 전략은 새로운 경쟁력의 패러다임으로 떠오르고 있다. O2O 협의의 정의가 오프라인 리테일 매장에 온라인 기술을 적용해 새로운 커머스 가치를 창출하는 것을 의미했던 것처럼 리테일 분야에서 O2O의 영향력은 절대적이다. 오프라인과 온라인 리테일의 장점을 융합해 통합 판촉 효과를 높이는 것이 O2O 커머스다.

현재 O2O 커머스의 선두주자는 아마존Amazon이다. 아마존은 온라인과 오프라인 융합의 장점을 가장 잘 활용하는 기업이다. 온라인 기반의 아마존이 오프라인 셋톱박스인 파이어TVFireTV와 파이어TV스틱FireTVStick을 활용해서 비디오 판매량을 급격히 늘렸다. 아마존은 오프라인 스피커인 에코Echo와 온라인 인공지능 개인 비서인 '알렉사Alexa'를 연결해 언제 어디서나 아마존의 물건을 음성으로 주문할 수 있는 전방위 O2O 커머스 전략을 시작, 온라인과 오프라인을 융합한 O2O 커머스 혁신에 앞장서 왔다.

O2O 커머스는 시장에 세 가지 커다란 변화를 가져왔다. 첫째는 바로 소비자 선택권의 확장이다. O2O 커머스는 소비자의 선택권을 새로운 차원으로 넓힌다. 힐튼호텔은 온라인으로 방을 예약할 수 있는 모바일 앱 서비스를 시작했다. 고객은 모바일 앱으로 원하는 방 호수까지 직접 선택할 수 있다.

오프라인으로 이뤄지던 호텔 예약에 온라인 기술이 융합되자 소비자는 손안의 스마트폰으로 호텔방까지 지정해서 예약할 수 있게 선택권이 넓어진 것이다. O2O로 인해 소비자들은 보다 다양한 선택권을 요구하도록 변했다. 소비자의 높아진 선택권 확장 욕구에 맞추기 위해서 HBO나 CBS 같은 방송 콘텐츠 회사들은 개별 메뉴 방식으로 세분화된 선택권을 제공하고 있다. 시청자가 케이블방송 전체를 구독하지 않아도 원하는 콘텐츠 채널만을 개별로 선택해서 시청할 수 있도록 선택권을 세분화해서 확장했다. 보지도 않은 전체 구독에 정기적으로 많은 돈을 내는 것이 아니라 내가 필요한 것에만 돈을 지불하는 선택권의 다양화가 이제는 당연한 일이 되었다.

O2O 커머스가 불러온 둘째 변화는 영세 소매상들을 포함해 그동안 소외됐던 사람들의 시장 참여 기회가 확대된 것이다. 스타일시트StyleSeat는 내 주변의 미용사와 메이크업 전문가, 미용실, 네일숍을 찾아서 예약까지 해 주는 서비스다. 특기와 기술을 가진 전문 미용사들은 별다른 마케팅 비용 없이 스타일시

트를 통해서 시장에 참여한다. 소비자는 원하는 미용사와 미용실을 찾아서 바로 예약하고 사전 결제까지 가능하다. 영세 미용실과 미용사들은 O2O 커머스를 통해 자신을 알리는 홍보 비용과 물류 문제를 해결하면서 시장 참여 기회를 늘렸다. 대형 업체인 아마존도 홈 서비스Home Service란 이름으로 전문 인력 중개 서비스를 제공하면서 전문가들의 새로운 시장 참여 기회를 늘렸다. 아마존의 플랫폼을 이용해서 다양한 인력들이 별 어려움 없이 가사도우미, 자동차 관리, 가전제품 수리, 잔디 깎기 등의 시장에 참여하고 있다.

O2O 커머스로 인해 전문가 외에 그동안 경제 활동을 안 하던 사람들의 시장 참여 기회도 확대되고 있다. 에어비앤비로 우리 집의 여유 공간을 여행자에게 빌려줄 수 있게 되었다. 또한 우버를 이용해 개인 자가용으로 택시 영업을 할 수 있게 변했다. 비경제 인구의 새로운 시장 참여는 전체 경제의 효율성을 높여 준다. 그리고 O2O 커머스는 사용하지 않는 자원의 시장 활용 기회도 높여 준다. 호텔투나이트HotelTonight는 고급 호텔의 남는 객실을 싸게 예약할 수 있는 O2O 커머스다. 어차피 안 쓰면 재고 처리될 빈 객실을 온라인을 이용해서 활용할 수 있게 만들었다. 기업은 O2O 생태계와 연계해서 브랜드 관련 참가자를 극대화하고 재고율을 제로로 만드는 효율성 제고 전략을 추구해야 한다.

O2O 커머스가 시장에 가져온 셋째 변화는 새로운 기술의 도입을 통한 상거래의 자동화다. 인공지능, 무인 로봇 계산원, 자동화 배송 등 기존 오프라인 리테일 영역에 다양한 온라인 신기술이 끼어들면서 상거래 자체가 바뀌고 있다. 파네라Panera 제과점은 계산원을 한 명만 남기고 전부 키오스크kiosk로 대체했다. 키오스크에 자리를 뺏긴 계산원은 고객 서비스에 재배치했다. 계산원을 대체

한 키오스크 기술로 인해 고객은 더 이상 빵을 사기 위해 줄을 길게 설 필요가 없게 됐다. 또한 키오스크가 제공하는 자세한 정보를 통해 보다 높은 수준의 주문이 가능하게 되었다.

새로운 기술을 활용한 O2O 커머스 전략의 핵심은 기업이 온라인 기술을 오프라인 매장에 적용해서 고객의 매장 방문율과 상품 구매율을 높이는 것이다. O2O 커머스를 잘 활용하면 고객을 매장에서 빨리 떠나게 만들어서 고객 회전율을 높이는 방식으로도 이익을 극대화할 수 있다. 앞으로 인공지능과 대화를 통한 쇼핑, 생체 인식, 얼굴 인식, RFID(Radio Frequency Identification), 3D 프린팅과 같은 기술이 O2O 커머스에 적용되면 미래의 쇼핑 모습은 지금과는 완전히 다를 것이다.

제6장
소셜 커머스

1. 소셜 커머스의 시작

소셜 커머스Social Commerce는 소셜 미디어와 온라인 미디어를 활용하는 전자상거래의 일종이다. 소셜 커머스라는 용어는 야후에 의해 2005년에 처음 소개되었다. 이는 제품 정보 등에 대한 사용자의 평가나 공유 목록 같은 온라인 협업 쇼핑 도구의 집합을 설명하기 위해서였다. 당시 야후는 쇼핑 장바구니 공유 서비스인 '쇼퍼스피어Shoposphere'를 선보이면서 이 서비스의 범주를 '소셜 커머스'라 정의하였다. 이 때문에 소셜 커머스는 상거래 정보와 경험을 서로 공유한다는 뜻을 내포하게 되었으며, 이후 웹 트렌드가 웹 2.0에서 소셜 네트워크 서비스Social Network Service, SNS로 넘어간 뒤 상거래 플랫폼의 개방과 소비자의 참여에 소셜 네트워크 서비스라는 필요조건이 더해지면서 SNS를 통한 상거래 플랫폼의 개방과 소셜 네트워크 서비스를 통한 소비자의 참여를 뜻하게 되었다.

위키피디아에서는 소셜 커머스의 정의가 소셜 미디어와 온라인 미디어를 활용하는 전자상거래의 일종이라고 포괄적으로 기술되어 있다. 소셜 네트워크 서비스를 활용하는 방식이 어떠하든 비즈니스 모델이 무엇이든 관계없이, 상거래에 소셜 네트워크 서비스가 활용되고 있다면 사전적인 의미에서는 모두 소셜 커머스라고 볼 수 있다.

소셜 커머스란 소셜 네트워크 서비스를 활용해 소비자들의 협력을 용이하게 하고, 합리적인 의사 결정을 가능하게 하며, 상거래의 체질을 소비자 중심으로 바꾸는 것이다. 즉, 공급자가 아닌 소비자 중심으로 보다 진화된 상거래 형태라 할 수 있으며 본 시장이 이미 성숙한 시장이 아닌 하루가 다르게 지속적으로 변화·발전해 가고 있다는 점, 그리고 소셜이라는 인간 관계와 사회적 개념을 포괄적으로 활용하고 있다는 점에서 보다 보편적이고 광범위하게 정의하는 것이 현실적으로 바람직하다.

위키피디아는 소셜 커머스란 온라인상에서 재화나 서비스를 사고파는 행위에 있어서 소셜 미디어 및 온라인 미디어를 연계하여 소비자 인맥을 마케팅에 활용하는 전자상거래라 정의할 수 있다. 다시 말해, 소셜 커머스는 기존의 온라인 쇼핑과 구전마케팅Word of Mouth Marketing 효과가 결합해 탄생한 새로운 개념으로, 소셜 네트워크 서비스를 이용해 이루어지는 상거래를 모두 소셜 커머스라고 할 수 있다.

소셜 커머스 비즈니스 모델은 소셜 커머스 사업자와 서비스업의 계약과 소셜 커머스 사업자와 소비자 간의 계약으로 구성되며, 소셜 커머스 업체는 특정 매장과의 계약을 바탕으로 소비자에게 쿠폰을 발행하여 직접 판매하는 통신판매업에 해당된다. 소셜 커머스는 여러 형태로 발전해 감에 따라 그 용어도 다양하게 사용되고 있으나, 소비자 중심의 참여 커뮤니케이션이라는 공통적 특성을 포함하고 있다. 소셜 커머스는 그동안 홍보·마케팅 수단에 제약이 많았던 소비자 인근 지역의 작은 레스토랑, 헤어숍 등 서비스 업체들에게 소셜 커머스를 통한 대량 판매가 가능하도록 기회를 제공해 주었으며, 해당 지역 주민의 내수 시장 및 중소기업의 판매를 활성화시키는 역할도 하고 있다. 또한 내수 활성화 및 중소기업 육성에 도움을 주어 일자리 창출에도 영향을 미쳤으며, 비수기 또는 판매가 저조한 제품 등을 파격적으로 할인된 가격에 판매함으로써 적극적인 마케팅 활동을 가능하게 하고 있다.

소셜 커머스는 신뢰를 바탕으로 한 친구나 믿을 만한 지인의 추천이 중요하다는 특징을 갖는다. 따라서 소셜 커머스에서는 스마트폰을 기반으로 하는 모바일과 입소문을 가장 빠르게 전달할 수 있는 소셜 미디어가 결합해 시너지를 발휘할 수 있다. 스마트폰의 대중화가 생활화되어 미디어 환경이 변화하였다. 소비자들은 스마트폰을 통해 시간과 장소에 구애받지 않고 다양한 정보를 제공받을 수 있게 되었다. 특히 스마트폰을 통한 소셜 네트워크 서비스 사용은 실시간으로 정보를 공유하는 것을 가능하게 하였다. 따라서 소셜 미디어와 온라인 미디어를 이용하는 소셜 커머스 시장은 스마트폰의 발전과 함께 앞으로 지속적으로 확대될 것으로 예상한다.

2. 소셜 커머스 이해

소셜 커머스는 제품 및 서비스의 구매와 판매를 지원하기 위해 소셜 미디어와 온라인 미디어를 활용하는 전자상거래의 한 종류이다. 소셜 네트워크 서비스와 전자상거래가 결합한 Social Web을 활용하고 있는 전자상거래 서비스이다.

소셜 커머스는 사용자의 경험을 소셜 네트워크와 실시간으로 공유하는 소셜네트워크 서비스를 활용하는 상거래를 총칭하며 소셜 커머스를 단어 그대로 풀이하면 전자상거래e-Commerce에 페이스북과 트위터와 같은 소셜 미디어Social media가 더해진 것으로 소셜 네트워크 서비스를 활용하는 전자상거래의 하나로 정의된다.

예를 들어서 설명하는 다른 개념으로는 소셜 커머스는 FaceBook, Twitter 등 다양한 소셜 네트워크 서비스를 통해 많은 수의 공동구매자를 모아 파격적인 할인가에 특정 상품을 제공하는 신개념 전자상거래라는 정의가 있다.

전자상거래 시장에서 급격히 성장한 분야는 소셜 커머스이다. 기존에 오픈마켓에서 시행하고 있던 상거래 방식을 넘어서서 소셜 네트워크 서비스라는 새로운 툴을 접목하여 소비자의 참여율을 높였을 뿐만 아니라, 대량 구매를 통해 50%에 가까운 할인율을 제공하면서 빠르게 성장하였다.

소셜 커머스란 무엇일까? 소셜 커머스는 페이스북, 트위터 등의 소셜 네트워크 서비스를 활용하여 이루어지는 전자상거래의 일종으로, 일정 수 이상의 구매자가 모일 경우 파격적인 할인가로 상품을 제공하는 판매 방식으로 소셜 쇼핑Social shopping이라고도 한다. 소셜 커머스라는 용어가 생겨난 배경은 상품의 구매를 원하는 사람들이 할인을 성사시키기 위하여 공동구매자를 모으는 과정에서 주로 소셜 네트워크 서비스를 이용하기 때문에 이런 이름이 붙었다.

소셜 커머스Social commerce라는 용어는 2005년 야후의 장바구니Pick List 공유 서비스인 '쇼퍼스피어Shoposphere' 같은 사이트를 통하여 처음 소개되었으며, 2008년 미국 시카고에서 설립된 온라인 할인쿠폰 업체 그루폰Groupon이 공동구매형

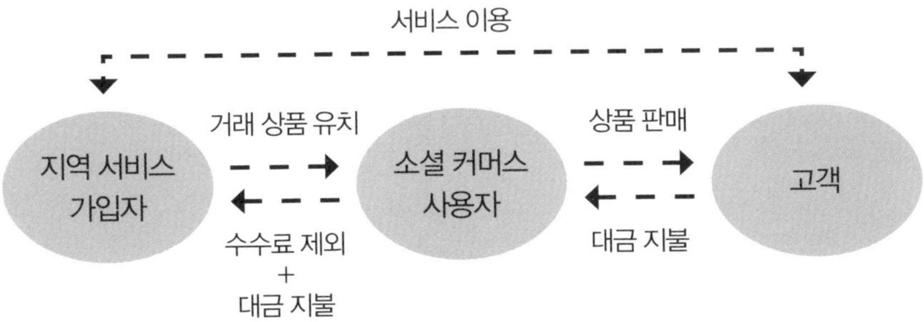

[그림 6.1] 소셜 커머스 개념도

소셜 커머스의 비즈니스 모델을 처음 만들어 성공을 거둔 이후 본격적으로 알려지기 시작하였다. 특히, 스마트폰 이용과 소셜 네트워크 서비스 이용이 대중화되면서 새로운 소비 시장으로 주목받고 있다. 대표적인 소셜 커머스 업체는 설립 3년 만에 세계 35개국에 5,000만 명이 넘는 가입자를 확보하며 소셜 커머스 붐을 일으킨 그루폰이다.

국내 업체로는 티켓몬스터, 쿠팡 등이 있다. 하지만 국내에서는 소셜 커머스를 그저 소셜 쇼핑의 수준에서 이해하는 경우가 많다. 국내 소셜 커머스를 주도하는 티켓몬스터, 쿠팡 같은 신생 소셜 커머스 업체들이 아직까지는 소셜 네트워크 서비스를 적극적으로 활용하고 있지 않기 때문이다. 과거 상호 참여형 인터넷 환경인 웹 2.0세대에서는 생산자와 소비자가 함께 참여하는 형태인 커머스 2.0이 대세를 이루었다. 따라서 현재 소셜 커머스의 주축을 이루고 있는 소셜 쇼핑 외에도, 페이스북의 오픈 그래프를 이용하여 개인화된 쇼핑 환경을 만들거나 SNS상에서 상거래 전용 공간을 여는 것 모두가 소셜 커머스인 것이다. 이처럼 소셜 커머스는 특정한 비즈니스 모델이라기보다는 소비자들에게 상거래 시장에서 새로운 패러다임을 제공하고 있다.

소셜 커머스는 법률상 통신판매업자로서 오픈마켓의 통신판매 중개업자와는 다르게 분류된다. 오픈마켓은 판매자와 구매자 간의 거래 공간을 제공하지만 판매 상품에 책임을 지지 않는 반면, 소셜 커머스는 큐레이션을 통해 직접 판매할 물건을 선별하고 판매 물건에 최종 책임을 져야 하므로 상대적으로 많은 인력이 필요하다. 오픈마켓은 중개 품목에 대한 책임이 없기 때문에 소셜 커머스에 비해 상대적으로 다품종 대량의 재고를 보유하게 된다.

오픈마켓은 소셜 커머스에 비해 좀 더 어려운 회사 설립에 관한 법률을 적용받는다. 전자금융거래법상 세 가지 요건을 반드시 충족해야 하는데, 이는 전자지급 결제 대행Payment Gateway, 결제 대금 예치(에스크로), 선불 전자지급 수단이며 이 외에도 재무 건전성, 금융 회사 수준의 보안성 등의 요건을 준비해야 하기 때문에 11번가 이후 오픈마켓 시장에 진입한 신규 기업은 아주 드물다.([표 6.1] 참조)

[표 6.1] 소셜 커머스와 오픈마켓 비교

구분	소셜 커머스	오픈마켓
분류	통신판매업자	통신판매 중개업자
사업 모델	SNS를 이용한 공동구매 비즈니스 모델	판매자와 수매자를 중개해주는 마켓플레이스 제공
주요 수익원	판매 수수료, 광고	중개 수수료, 광고
판매 책임	있음	없음
설립 요건	–	전자금융거래법상 요건 충족 필요
주요 기업	쿠팡, 티몬, 위메프 등	G마켓, 옥션, 11번가 등

3. 소셜 커머스의 적용 기술

소셜 커머스는 하나의 프레임워크로서 소비자, 공급자, 내부 플랫폼과 외부 맥락의 4가지 구조로 구성되어 있다. 그중 소셜 커머스의 내부 플랫폼 구조는 기술, 정보, 운영 관리와 경영 활동으로 분류된다. 소셜 커머스 플랫폼 구현에서 주로 사용되는 기술들은 소셜 미디어Social Media, 웹 2.0Web 2.0, 클라우드 컴퓨팅Cloud Computing과 서비스 지향 아키텍처Service Oriented Architecture : SOA 등이 존재한다.

소셜 미디어란 사람들의 의견, 생각, 경험, 관점들을 서로 공유하기 위해 사용하는 온라인 도구 혹은 플랫폼을 가리킨다. 소셜 미디어는 텍스트, 이미지, 오디오, 비디오 등의 다양한 형태를 가지고 있는데, 대표적으로는 블로그blogs, 소셜 네트워크Social Networks, 비디오 블로그Vlog 등이 존재한다. 소셜 미디어는 웹2.0의 핵심 도구로 여겨졌으며 개인의 정보 공유, 공개, 참여 활동을 견인했다는 점에서 소셜 커머스를 넘어서 e커머스의 가장 핵심적인 기술이라고 볼 수 있다. 소셜 미디어는 온라인 네트워크의 등장부터 현재까지 중요한 온라인 마케팅 수단 중 하나이다. 소셜 미디어를 통해 기업들은 손쉽게 타겟 소비자를 선정할 뿐만 아니라 기존 이용자들을 통해 새로운 잠재 소비자들에게 접근할 수 있다.

또한 소셜 미디어는 개인 간의 대화를 이끌어 낸다는 점에서 e커머스에서의 새로운 가능성을 창출해냈다. '공유' 혹은 '좋아요' 버튼이나 댓글창을 통해 소셜 네트워크 이용자들은 자유롭게 자신의 의견을 공유하며 이는 곧 정보 전달을 통한 새로운 제품의 노출로 이어진다. 최근에는 이와 같은 소셜 미디어의 중요성을 인식하여, 단순 마케팅 수단 이상의 전자상거래 플랫폼으로서 성장 가능성에 주목하고 있다. SNS를 통한 상품 및 서비스 전달이 아닌, SNS 플랫폼 자체에 구매 기능을 추가하여 SNS 커머스로의 확대를 기대하는 것이다.

예시로는 2015년 핀인터레스트Pininterest의 '구매 버튼Buy it' 추가를 통한 제휴 제품의 구매 경로를 개방한 것이 있다. 이에 따라 2017년 인스타그램Instagram 역시 이미지에 제품 태그tap to view를 추가할 수 있는 기능으로 구매 사이트와 연결하는 기능shop now를 제공했다.

웹 2.0은 사용자 참여 중심의 인터넷 환경으로 네트워크상 정보의 단순 제공에 그쳤던 웹 1.0과는 달리 이용자를 적극적 정보 생산자로 변모시켰다. 웹 2.0은 인터넷이라는 플랫폼을 통해 이용자에게 데이터를 생산하고 공유할 수 있는 능력을 부여했으며 사용자들은 이를 통해 직접 웹페이지를 생성하거나 운영하는 블로그, UCC 등을 제작하기 시작했다. 웹 2.0의 주요 특성은 참여 구조, 공유, 집단 지성, 개방 등으로 현재의 소셜 미디어의 기반이자 소셜 커머스의 차별적 특성과 일치한다.

클라우드 컴퓨팅과 서비스 지향 아키텍처SOA는 기업 측면에서 비즈니스의 깊이와 범위의 확장에 특히나 기여했다. 클라우드 컴퓨팅이란 개인 PC가 아닌 네트워크상 다른 컴퓨터를 통해 정보 처리를 하는 기술을 가리킨다. 이와 같은 기술은 데이터 통신량이 많은 빅 데이터 처리 시 대량의 서버를 통한 분산작업으로 장애 발생률을 낮추고 매우 효율적이다. 클라우드 컴퓨팅은 데이터 양의 증가로 인한 외부 고성능 컴퓨터의 필요성으로 재등장을 알린 클라우드cloud 서비스와 가상화, 분산처리 기술의 결합으로 구현된다. 물리적으로 존재하는 PC 개수의 제한을 극복하여 정보 처리 서버를 분할하여 서버 효용률을 높이는 것이다. 클라우드 컴퓨팅이 소셜 커머스 서비스에서 주목을 받았던 이유도 이와 같은 독보적 특징 때문이다. 특정 제품에 할인율이 높은 소셜 커머스 특성상, 제한된 시간 내에 지나치게 많은 이용자들이 몰려 서비스 장애가 일어나는 경우가 잦았다. 클라우드 컴퓨팅은 이와 같은 소셜 커머스의 장애 요인을 해결해 줄 최적의 정보 통신 기술이다.

서비스 지향 아키텍처는 대규모 컴퓨터 시스템을 구축할 때의 개념으로 업무상에 일 처리에 해당하는 소프트웨어 기능을 서비스로 판단하여 그 서비스를 네트워크상에 연동하여 시스템 전체를 구축해 나가는 방법론이다. 업무 처리 변화를 시스템에 빠르게 반영하고자 하기 위해 기업의 전반적인 정보 시스템을 서비스 단위로 구축해 다른 서비스와 연동·통합될 수 있도록 하는 시스템 구조를 말한다. 소프트웨어 인프라를 구축하는 방법론 가운데 하나로, 정보 시스템 구축 방식에 일정한 규칙을 두고 공유하거나 다시 사용할 수 있는 서비스를 만드는 플랫폼 기술을 의미한다. 서비스 지향 아키텍처를 통해 기업은 외부 기업, 기관 및 서비스를 기반으로 업무를 아웃소싱하거나 협업을 도모할 수 있다. 이와 같은 특징들로 인해 SOA는 단기적 프로젝트상의 기술보다는 일관적인 비즈니스 서비스 지원을 위해 사용되는 경우가 많으며, 서비스 운용 시 발생할 수 있는 변화와 상호운용상의 변수를 조절하여 서비스 품질을 높인다.

실제로 국내 소셜 커머스 1위 업체인 쿠팡은 2017년 IT 인프라 전체를 아마존웹서비스AWS에 이전했다. 쿠팡 측은 이전 과정이 매우 신속히 이루어졌으며 2015년 초에 도입한 마이크로 서비스 아키텍처 기술로 인해 더욱 빠른 이전이 가능했다고 강조했다. 쿠팡 측의 기술적 변화는 장기적으로 정보 통신 기술에 익숙한 이용자들이 더욱 원활히 서비스를 이용할 수 있는 기반을 마련하였다.

24시간 365일 서비스를 강조하며 새벽배송, 쿠팡 로켓배송을 강조하는 업체이기에 더욱 효과적이었다. 이후 쿠팡은 클라우드 기반의 확장성과 실시간 데이터 처리 플랫폼을 기반으로 머신러닝 및 AI를 더욱 고도화하여 지속적인 기술혁신을 통해 고객 경험을 빠르게 개선할 것을 강조했다.

SNS는 가상공간 내의 사용자들이 디지털 매체 내의 관계에서 블로그나 밴드, 페이스북 등과 같은 서비스를 통해 새로운 인맥을 만들고, 이로 인해 발생하는 다양하고 방대한 정보를 공유할 수 있도록 해주는 서비스나 플랫폼이라고 할 수 있다.

SNS는 단순한 웹 기반의 단순한 사이트가 아닌 서비스의 개념으로서, 1인 미디어나 커뮤니티를 중심으로 인적 네트워크를 형성하는 서비스임과 동시에 미디어의 특징을 바탕으로 구체적인 행위를 지원하는 서비스로서 궁극적으로는 개인의 사회적 관계를 형성하고 이를 유지·확장·강화할 수 있도록 돕는 서비스나 플랫폼인 것이다.

플랫폼의 사전적 의미는 승강장을 의미한다. 우리는 이 플랫폼을 사람들 간의 가치 교환이 일어나는 곳을 의미하는 것으로 이해하면 된다. 이러한 플랫폼은 다양한 형태를 띠면서 부가적 비즈니스 모델을 창출할 수 있다. 공급자와 수요자 등 복수 그룹이 참여하여 각 그룹이 얻고자 하는 가치를 공정한 거래를 통해 교환할 수 있도록 구축된 환경으로써 플랫폼 참여자들 간의 상호작용이 일어나면서 모두에게 새로운 가치와 혜택을 제공해 줄 수 있는 상생의 생태계라고 할 수 있다. 플랫폼의 유형에는 개방성과 상호작용의 방향을 기준으로 나눠서 싱글 사이드 플랫폼, 투 사이드 플랫폼, 멀티 사이드 플랫폼으로 나뉜다.

이러한 플랫폼의 등장 배경은 다양한 상품을 생산하거나 판매하기 위해 공통적으로 사용하는 기본 구조로서의 비즈니스 플랫폼에 대한 수요의 증가가 있다. 단순히 기술의 개발로 인해 발생된 것이 아니라 현대 소비자들의 트렌드를 반영하여 그 수요를 충족시키기 위해 만들어진 것이다. 플랫폼은 기본적으로 서로 다른 두 이용자 집단이 공통적으로 합의된 표준에 따라 경제적 가치를 창출하는 시스템이다.

예를 들어 기차 운행 플랫폼이 있다고 하자. 이는 모든 이용자에게 공통으로 미리 정해진 기차 시간과 가격, 탑승 장소로 구성되어 있다. 기차 운행 플랫폼을 이용한다면 시간과 가격, 장소를 운행자와 탑승자가 매번 협상해야 하는 불편을 제거할 수 있다. 백화점의 가치는 입점 매장 수와 이용객 수가 많을수록 증가한다는 정설과 같이 참여자가 늘어날수록 플랫폼의 가치 및 이용자의 혜택이 증가하는 선순환 구조를 띄고 있다. 이렇게 생겨난 플랫폼은 산업간 융합 및 복합 트렌드를 주도하고 있다. 플랫폼은 기술적·경제적, 디지털·비디지털로 폭넓게 분포하고 있다. 제조업, 유통업, 운송업 등의 비디지털 영역에서 플랫폼의 주요 목적은 생산 및 비용 효율성 향상이다.

4. 소셜 커머스 특징

소셜 커머스는 소비자의 경험을 SNS와 실시간으로 공유하는 즉, SNS를 활용하는 상거래를 말한다. 특히, 소셜 커머스는 SNS를 기반으로 온라인뿐만 아니라 오프라인 영역까지 확장되어 커머스에 영향을 미칠 수 있다는 게 기존의 인터넷 쇼핑과는 다른 점이라 할 수 있다.

또한 다양한 SNS의 활용으로 상품과 서비스에 대한 평가, 즉 경험을 나눌 수 있어 소비자는 보다 적극적이고 능동적인 정보 생산자와 제공자로서의 역할을 동시에 수행하게 된다. SNS는 상품과 서비스를 사용해 본 후에나 알 수 있는 경험적 속성Experiential Attribute에 대한 정보와 소비자의 입장에서만 알 수 있는 암묵지Tacit Knowledge에 대한 정보를 통해 새로운 정보의 창출과 획득, 확산을 매개하는 역할을 한다. 이를 통해 SNS는 기존 소비자에게 제시되었던 정보가 갖는 질적인 한계를 극복하는 데 기여할 수 있다.

소셜 커머스는 상거래 행위에 있어 인맥을 통한 정보 습득과 설득 과정을 오프라인에서 온라인으로 옮긴 점이 기존 온라인 쇼핑과의 차이점이다. 기존 온라인 쇼핑의 경우 온라인상에 존재하는 가상의 상점에서 상품·서비스를 구매하는 형태로 소비자가 구매하려는 상품·서비스와 관련된 정보는 검색엔진이나 포털 그리고 블로그 등을 통해서 얻을 수 있다. 특히 상거래에서 가장 큰 영향을 미치는 인맥을 통한 정보 습득과 설득 과정은 전적으로 오프라인에 의존할 수밖에 없었다. 반면 소셜 커머스의 경우 SNS를 매개로 정보가 흐르고 설득 과정이 진행되기 때문에 친구를 통한 믿을 만한 정보가 오프라인과는 비교할 수 없을 정도로 빨리 확산된다.

[그림 6.2]는 소셜 커머스의 관계들을 정리해 놓은 것이다. 소셜 커머스 업체는 거래액의 20~50%에 해당하는 중개 수수료 등을 주요 수익원으로 한다. 그리고 소셜 커머스는 소비자들에게 한정된 시간, 최소 인원의 충족으로 반값 할인을 제공하고, 판매자에게는 구매 특성 통계 정보를 바탕으로 광고, 홍보를 측정한다. 소비자 측면에서는 저렴한 가격을 제공받으며, 이에 관한 정보를 자신이 참여하고 있는 소셜 미디어에 입소문을 통해 다른 사람에게 제공을 한다.

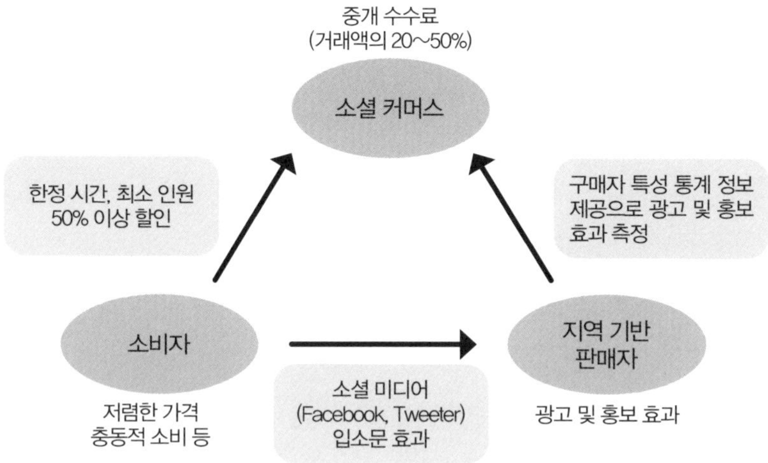

[그림 6.2] 소셜 커머스 관계도

판매자 측면에서는 광고, 홍보 효과를 기존의 비용보다 저렴하게 제공을 할 수 있으며, 단시간 내 대량 판매를 할 수 있으며, 재고 처분 및 빈 좌석 채우기를 통해 수익을 증가시킬 수 있다.

일반적으로 소셜 커머스의 특징은 4가지로 나눌 수 있다.

첫 번째, 규모이다. 소비자 입장에서 특정 기업의 규모는 해당 기업의 기술적 사양과 고객 지원과 같은 서비스 전반의 시스템 구축에 대한 추정으로 확대된다. 소비자는 규모가 큰 기업의 전문성이 뛰어나다고 생각한다. 즉, 규모가 큰 기업일수록 해당 기업에 대한 소비자 신뢰가 높다고 생각한다.

기업의 규모는 그 기업을 신뢰할 만한 기업인지 가늠할 수 있는 근거가 되기 때문이다. 더 나아가 규모가 큰 기업은 소비자 차원에서 시장 점유율의 증가폭이 상대적으로 크고, 소비자와의 약속을 지킬 가능성 또한 높아진다고 인식한다.

두 번째, 상호작용성이다. 상호작용성은 오프라인과 차별되는 온라인만의 특성이라고 할 수 있다. 상호작용성을 다양한 과정에 참여하는 커뮤니케이션 주체들이 서로 대등한 입장에서 메시지를 교환하고 공유하며 서로 의미를 창출해가는 반복적인 순환 과정이라고 보았다.

즉, 상호작용성이란 커뮤니케이션 과정에서 참여자들 간의 대화를 통제하거나 서로의 역할 교환을 가능하게 하는 정도이다. 또한 시간과 공간의 제약없이 활발히 이루어지므로 상호신뢰에 긍정적인 영향을 미치는 요인으로 제시되어져 왔다. 따라서 구성원들 사이의 신뢰를 향상시킬 수 있다. 그러므로 소셜커머스에서 판매자들은 소비자와의 의사소통을 지속시켜야 한다. 특히 온라인 거래에서의 마케터의 응답이 적극적인 경우 해당 거래에 대한 만족과 신뢰뿐 아니라, 해당 온라인몰의 이용자 태도 또한 긍정적으로 나타나는 것으로 확인되었다.

세 번째, 정보 품질이다. 소셜 커머스에서 정보 품질은 중요한 특성이다. 소셜 커머스는 일반 쇼핑몰과 달리 매일 새로운 정보들이 업데이트되고 소비자에게 항상 새로운 정보를 제공해주는 특성이 있다. 정보 품질은 기업이 자사의 제품과 서비스에 대한 정보를 제공하기 위해 운영하고 있는 웹 포털사이트의 주요 품질요인이다. 또한 정보 품질과 관련된 하위 차원은 정확성, 관련성, 이해 가능성, 완전성, 최근성, 경쟁력 있는 정보 수집이 있다.

소셜 커머스에서 정보 품질은 상품 정보 품질, 가격 정보 품질, 고객 서비스 정보 품질, 그리고 판매자 정보 품질로 구분된다. 상품 정보 품질은 주로 상품명, 용도, 성분, 재질, 성능, 규격과 용량, 그리고 사용법에 대한 정보로 정의되고, 가격 정보 품질은 상품가격에 대한 각종 할인 정보의 품질인 할인율, 할인 품목, 할인 마감 시간 등이 포함된다. 고객 서비스 정보 품질은 소비자가 지각한 서비스 정보에 대한 품질, 주문과 정상 주문 정보, 결제 정보 및 배송 서비스 등으로 제시된다. 마지막으로 판매자 정보 품질은 소셜 커머스의 개인 판매자 또는 사업자 판매자 정보에 대한 품질로 정의된다. 웹사이트의 정보가 믿을 만하고 최신 정보이며, 이해하기 쉬울수록 사용자의 태도에 긍정적인 영향을 미친다. 그러므로 소셜 커머스의 정보 품질이 높을수록 긍정적인 영향을 미칠 수 있다.

즉 온라인 거래는 비대면 거래이기 때문에 신뢰의 중요성이 무엇보다도 중요시된다. 온라인 거래에서 소비자가 불안한 이유 중의 하나가 정보의 불충분성, 정보의 정확성 등과 같은 정보 품질과 관련된 문제들이다. 그러므로 온라인상에서 거래가 성사되려면 정보 품질을 고려하고 소비자에게 가치가 있고 정확한 정보를 제공해야 소비자들이 온라인상에서 믿고 구매가 가능해진다. 온라인 소비자들은 소셜 커머스에서 제공하는 정보를 의거하여 거래 의사 결정을 내린다고 주장하였으며, 소셜 커머스에서 상품이나 서비스에 대한 높은 품질의 정보는 신뢰에 긍정적인 영향을 미친다고 도출한 바 있다. 즉 소셜 커머스 차원에서의 정보 품질은 신뢰와 밀접한 관계에 있다.

마지막으로 거래안전성이다. 거래안전성은 온라인 거래에서 반드시 확인되어야 할 요인이다. 특히 이는 소셜 커머스에서도 마찬가지로 적용된다. 오프라인 매장에서의 결제는 카드 또는 현금을 통해서 직접적인 결제를 위주로 하지만 소셜 커머스에서는 주로 계좌 이체, 인터넷 뱅킹을 통한 결제가 활발하므로 소비자 차원에서 결제 시 개인정보 노출 등에 대한 우려가 반드시 고려되고, 결제 수단에 대한 안전성에 대한 인식이 중요하게 느껴진다. 즉 거래안전성은 보안 위험으로부터 대금 결제 보안과 개인정보에 대한 고객의 신념으로 정의할 수 있다. 이처럼 거래안전성에 대한 중요성이 제기되면서 온라인 거래상 거래안전성과 해당 거래의 이용자 만족 간 관계는 지속적으로 제시되었다.

이처럼 온라인 거래는 경제적, 사회적 및 개인적 위험이 존재하므로 온라인 쇼핑몰을 이용하는 소비자들은 결제나 개인 프라이버시에 대해서 안전을 보장받기를 원한다. 그러므로 거래 전반에 대한 신뢰 수준의 향상을 위해서는 반드시 해당 거래에서의 안전성이 먼저 확보되어야 한다.

그리고 소셜 커머스가 성공하기 위해서 필요한 요소들로는 할인율, 제품 다양성, 상호작용성, 지역 기반 제공성, 추천 수용도를 들 수 있다.

할인율

소셜 커머스에서, 제시된 조건(일정 수 이상의 구매자)이 이루어졌을 때, 명시된 정상 가격에서 일정만큼의 할인율을 적용하여 가격을 인하하는 것 정도를 뜻한다. 이러한 가격 할인은 거래 실시 이전에 소비자에게 고지된다. 가격 할인은 소비자의 제품 구매를 위한 동기로 일정 기간 동안만 실시하고, 그 기간 이후에는 정상 가격으로 환원되는 판매 촉진 방식이다. 기술과 정보가 발전됨에 따라 제품은 다양해지고, 품질은 차이가 없어지며 기업들 간의 판매 촉진 경쟁은 점차 심화되고 있다. 이러한 상황에서 소비자들은 소셜 커머스의 가격 할인을 일시적 시점의 이벤트, 게릴라성 할인이 아닌 일상적으로 발생하는 시장 현상으로 인지하고 있으며, 소셜 커머스의 경우 할인 폭이 다른 판매 서비스보다 크기 때문에 이러한 가격 경쟁력을 더욱 강하게 인지하고 있다.

제품 다양성

제품 다양성은 소셜 커머스가 온라인을 기반으로 하는 서비스이다 보니 재고 관리의 제약이 적고 상품을 전시하는 데에 비용이 들지 않는다는 장점 때문에 발생하는 특징이다. 현재는 온라인 기술의 발달과 배송 서비스의 개선으로 인해 온라인으로 해외 제품도 쉽게 접할 수 있으며 식료품은 물론 대형 제품마저도 거래가 가능하므로 온라인 매장이 오프라인 매장보다 전시·판매할 수 있는 제품의 다양성이 높다. 이러한 다양성은 상품 비교의 용이성이라는 편리함을 제공해줌으로써 소비자에게 긍정적인 편익을 제공한다.

상호작용성

상호작용성은 소셜 커머스가 온라인, 즉 인터넷을 기반으로 하기 때문에 생기는 특징이다. 인터넷은 상호작용성을 가지고 있는데, 이는 온라인 쇼핑몰에서 소비자는 원하는 제품을 구매하기 위해 스스로 정보를 습득하고 그 과정에서 판매자나 다른 소비자와 정보를 교환하며 의사소통을 하는 과정에서 발생한다. 이러한 상호작용은 소비자들이 갖고 있는 정보를 커뮤니티의 형태나 메시지, 이메일 등의 형태로 직접 공유하며 양방향으로 일어날 수도 있고, 판매자가 제공하는 정보나 콘텐츠를 일방적으로 받고 그것을 통해 판매자와 소통을 할 수도 있다. 즉 이러한 상호작용은 소비자—소비자(C2C), 기업—소비자(B2C)의 형태로 이루어진다.

지역 기반 제공성

소비자 개개인이 처한 시간, 위치와 같은 모든 상황을 고려하여 개인에게 가장 효과적이고 최적의 정보와 서비스를 제공해주는 것을 의미한다. 이 특징은 모바일 서비스의 발달로 인해 온·오프라인의 경계가 허물어져 가능한 것으로, 위치 기반 서비스의 활용이 용이해지고 정보의 접근성이 편리해짐에 따라 소비자들이 실시간으로 소셜 커머스를 이용할 수 있다는 점에 기인한다.

추천 수용도

소셜 커머스에서 거래가 이루어지기 위해서 극복해야 하는 제약인 일정 수의 구매자를 충당하기 위해서 소비자들이 만들어내는 특징이다. 한 소비자가 다른 소비자에게도 할인 정보를 온·오프라인으로 제공함으로써 소셜 커머스 거래를 가능하게 함과 동시에 다른 소비자는 자신이 원하는 제품을 할인된 가격에 구매할 수 있기 때문에 추천을 수용하게 된다.

5. 소셜 커머스 유형 및 사례

소셜 커머스는 판매 방식 특성에 따라 분류할 수 있으며, 활용하는 방법에 따라 분류할 수 있는데, 이처럼 소셜 커머스는 특성에 따라 그리고 소비자의 활용 방법에 따라 두 가지로 분류되지만, 그 외에 기존의 소셜 커머스 사이트들과 사업자가 제휴를 맺고 이들이 제공하는 상품을 사이트에서 노출시키는 메타사이트 형태나, 포털 사이트 내에서 소셜 커머스의 기능을 구현하는 등의 다양한 유형이 있다.

5.1_활용 방법에 따른 분류

소셜 커머스는 소비자의 경험을 소셜 네트워크와 실시간으로 공유하는 포괄적이고 광범위한 개념인데 크게 아래의 네 가지 유형으로 구분해 볼 수 있으며, 경우에 따라 각각의 유형이 결합되기도 한다.

[표 6.2] SNS 활용 방법에 따른 소셜 커머스의 유형 분류

유형	내용
공동구매형	공동구매 사이트가 소셜 미디어와 결합한 형태로서 제품별로 정한 최소 구매 수량이 달성되면 높은 할인 혜택을 줌
소셜 링크형	커머스 사이트에 소셜 미디어로 이동할 수 있는 버튼 형식의 링크를 게재하여, 버튼을 클릭하면 해당 소셜미디어 글쓰기에 자동으로 삽입되는 형식
소셜 웹형	소셜 커머스를 소셜 미디어와 적극적으로 결합하여 커머스 사이트 안에서도 소셜 미디어의 기능을 구현, 소비자의 구매, 평가, 리뷰 등의 활동이 자동으로 반영되어 공유되는 방식
오프라인연동형	오프라인 공간을 네트워킹이 가능한 단말기로 소셜 미디어와 연결시키는 유형으로, 위치 기반 서비스를 활용하여 소비자의 오프라인 상점에서 경험을 모바일로 결합시키는 방식

가) 소셜 링크형

커머스 사이트에 소셜 네트워크로 이동할 수 있는 버튼 형식의 링크를 게재하는 방식이다. 버튼을 클릭하면, 웹문서의 웹링크가 생성되어 해당 소셜 네트워크 글쓰기에 자동으로 삽입되거나, 자신의 소셜 네트워크에 웹문서가 그대로 복사되어 게시물로 생성되게 된다. 소셜 커머스의 가장 기본적인 유형으로 셰어디스Share This 등을 통하면 아주 손쉽게 적용할 수 있다. 판매사이트의 웹링크(주소)를 SNS의 글쓰기에 자동으로 들어가서 다른 사용자들의 링크를 이끌어 내는 형태이다.

소셜 링크형은 판매 주체인 소셜 커머스 사이트에 SNS로 이동할 수 있는 버튼 형식의 링크를 배치시키는 유형이다. 버튼을 클릭 시 자동으로 웹문서가 그대로 복사 혹은 삽입되어 자신의 개인 소셜 네트워크 페이지에 게재할 수 있다. 대표적인 예시로는 이베이의 소셜 링크 버튼이 존재한다.

즉, 소셜 링크형은 소셜 커머스 사이트나 인터넷 쇼핑몰 사이트에 Facebook, Twitter, Pinterest 등의 소셜 네트워크 서비스와 연동될 수 있도록 하여 자신의 소셜 네트워크에 등록되어있는 지인들에게 자신이 관심 있는 상품을 공유Share할 수 있도록 하이퍼링크를 삽입하는 방식으로서 소셜 커머스의 형태 중 가장 기본적인 형태의 비즈니스 모델이다.

나) 소셜 웹형

커머스를 소셜 네트워크와 적극적으로 결합하는 것으로, 커머스 사이트 안에서도 소셜 네트워크의 기능을 구현해주는 방식이다. 커머스 사이트에서 이뤄지는 소비자의 구매, 평가, 리뷰 등의 활동이 소비자의 소셜 네트워크에 자동으로 반영되어, 친구들과 공유된다. 또한, 같은 소셜 네트워크의 친구들이 커머스 사이트에서 어떤 활동을 하는지 보여줄 수도 있다. 리바이스처럼 페이스북의 플러그인을 적용한 사이트나, 게시물을 작성하면 자동으로 트위터로 배포되는 기능을 적용한 사이트들이 대표적인 사례이다. 웹링크는 기본이고, 커머스 사이트에서 이뤄지는 소비자의 행동(구매, 평가, 리뷰 등)이 소비자의 SNS에 자동으로 반영되는 형태이다.

소셜 웹형은 판매 사이트와 SNS 자체를 결합시킨 형태이다. SNS의 특징이라고 할 수 있는 구매 이후 평가, 리뷰 등과 같은 개개인 간의 의견공유 기능을 소셜 커머스 사이트 내에 배치하는 것이다. 커머스 사이트 내의 활동은 이후 소비자 개인의 SNS에 자동으로 연결되어 친구들에게 공유된다. 대표적인 예시로는 리바이스Levi's의 페이스북 플러그인 적용 사례가 존재한다.

소셜 웹형은 인터넷 쇼핑몰을 소셜 네트워크와 더욱 긴밀하게 결합하는 방식으로 인터넷 쇼핑몰사이트 안에 페이스북의 플러그인과 같은 기능을 통하여 인터넷 쇼핑몰 내 소셜 네트워크의 기능을 구현하는 방식이다. 인터넷 쇼핑몰 사용자들은 해당 인터넷 쇼핑몰 내에서 사용자들끼리 토론의 장을 형성할 수 있고 평가할 수 있다. 사용자들은 특정 상품에 대한 다른 사람들의 상품평, 리뷰 등을 바로 참고할 수 있기 때문에 사용자들의 의사 결정에 많은 도움을 줄 수 있다. 하지만 관련 상품에 대한 고객 혹은 사용자의 참여가 저조할 시에는 사용자들에게 제품이나 서비스에 대하여 인기가 낮고 유행에 뒤떨어지는 상품으로 오해를 받을 수 있다는 단점이 있다.

다) 공동구매형

공동구매 사이트가 소셜 네트워크와 결합한 형태이다. 제품별로 정한 최소 구매 수량이 달성되면 엄청난 할인 혜택을 받을 수 있도록 하여, 소비자들로 하여금 적극적으로 소셜 네트워크를 통해 친구들을 공동구매에 참여시키게 한다. 초대한 친구가 회원 가입을 하거나 제품을 구매하면, 현금 또는 포인트를 적립해 주는 인센티브 프로그램을 운영하기도 한다. 그룹폰, 위폰 등이 대표적인 사례이다. 소비자가 자신이 싸게 구매한 상품 또는 그러한 경험을 페이스북, 트위터 등의 실시간 정보 전달이 빠른 소셜 네트워크를 이용해서 홍보 또는 확산을 시킴으로 보다 많은 고객과 소비자의 구매 효과를 유도한다.

공동구매형은 개념 그대로 공동구매 사이트와 소셜 네트워크의 결합을 의미한다. 제품별 최소 수량 달성 시 저렴한 가격대에 구매가 가능하며, SNS를 통해 주변인에게 구매를 유도할 경우 별도의 할인 혹은 포인트 적립 등과 같은 방안들을 통해 혜택을 제공하는 것이다. 대표적인 사례로는 그루폰과 위폰이 존재한다.

공동구매형은 인터넷 공동구매 방식과 소셜 네트워크가 결합된 방식으로서 제품별로 최소한의 구매 수량이 달성되면 파격적인 할인 혜택을 준다. 이를 달성하기 위하여 사용자들은 소셜 네트워크 서비스를 활용한 입소문(구전)을 통해 주변인들의 참가를 유도하게 한다. 공동구매형 플랫폼으로 소셜 커머스를 운영하는 업체로는 리빙소셜LivingSocial과 그루폰Groupon 등이 있으며 이들 업체는 사용자들이 친구나 지인을 초대하고 그들이 초대에 응하거나 회원 가입을 했을 시 해당 사이트 내에서 현금처럼 쓸 수 있는 포인트를 부여하기도 한다. 또한, 상품의 판매와 목표 고객 달성에 대한 제한 시간을Time Left To Buy을 설정하여 사용자들의 참여를 촉진시킨다. 공동구매형 소셜 커머스 플랫폼의 장점은 파격적 할인 가격이라는 유인책을 통해 사용자에게 스스로 친구나 지인을 대상으로 해당 소셜 커머스를 광고하는 마케터의 역할을 부여할 수 있다는 점이다. 이를 통해 사용자의 자발적 비즈니스 참여를 유도함으로써 소셜 커머스가 성공하기 위한 요소인 고객, 규모, 인지도 등에 대한 임계점Critical Point을 조기에 도달하도록 만들 수 있다.

우리나라에서 가장 대표적인 모델은 형태로 보았을 때는 '그룹 바이', 활용 방법으로 보았을 때는 '공동구매형' 모델이다. 이러한 모델들의 공통적인 특성은 위에 소셜 커머스의 특징에서 언급했듯 온·오프라인의 통합, 소비자 중심, 개인화된 상거래 환경, 상호작용이 반영되어 있다는 것이다.

라) 오프라인 연동형

오프라인 공간을 네트워킹이 가능한 단말기로 소셜 네트워크와 연결시키는 유형이다. 포스퀘어, 고왈라, 런파이프 등 위치 기반 서비스를 활용하여 소비자의 오프라인 상점에서의 경험을 모바일로 소셜 네트워크에 확산시키는 방식과 매장에 비치한 컴퓨터로 바로 소비자의 소셜 네트워크에 접속할 수 있도록 한 디젤의 프로모션 등이 이 유형에 해당한다. 사용자의 현재 위치를 지속적으로 갱신하면서 내용을 친구들과 공유할 수 있으며, 많이 방문하는 경우 그 위치에 대한 높은 레벨(등급)을 제공한다.

오프라인 연동형은 스마트 기기 기능 중 하나인 위치 기반 서비스LBS : Location Base Service를 활용하여 소셜 네트워크 서비스와 연결하는 방식이다. 스마트 기기와 위치 기반 서비스와의 결합은 소셜 네트워크 서비스를 매개로 하여 온라인 영역은 물론 오프라인 영역까지 확장할 수 있다는 점에서 기존의 인터넷 쇼핑몰보다 더욱 파급 효과가 크다고 할 수 있다.

5.2_특성에 따른 분류

소셜 커머스는 판매 방식 특성에 따라 분류할 수 있으며, 우리나라에서 가장 보편적인 소셜 커머스 형태는 그룹 바이Group-Buy 형태로 쿠팡, 위메프, 티켓몬스터 등 국내 다수의 업체가 있다.

소비자는 자신이 소지한 이동통신 단말기(스마트폰, 태블릿 PC 등)를 통한 위치 기반 서비스LBS 연결로 자신의 오프라인 위치에 따라 주변 매장과 연결되어 혜택을 누릴 수 있다. 또한 소셜 커머스는 SNS와 결합함으로써 실시간성과 확산성을 띤다. 또한 상거래가 이루어지는 공간이 전자상거래 사이트에 국한되지

[표 6.3] 소셜 커머스의 유형 및 특성에 따른 분류

유형	대표 업체	소셜 특성	내용
플래쉬 세일 (Flash Sale)	Vente-Privee	사이트 회원 간 입소문을 통해 회원 혜택 극대화	온라인상에서 제한된 시간 동안 상품을 판매, 회원 간 입소문을 통해 회원의 혜택이 증가되는 특징
그룹 바이 (Group-Buy)	쿠팡 위메프 티몬 그루폰 리빙소셜 등	소셜 미디어를 통한 구전 효과	제한된 시간 동안 정해진 인원이 모이면 특정 상품을 할인된 쿠폰으로 판매하는 방식 지역 기반 사업자를 오프라인에서 온라인으로 확대, 상품 소개자에게 혜택 제공, 회원 간 입소문을 통해 회원의 혜택 증가라는 특징
소셜 쇼핑 (Social Shopping)	Polyvore Kaboodle Lockerz 등	쇼핑 정보 포털	온라인상의 좋은 판매 사이트, 상품을 이용자들 간에 공유 사이트 광고주는 직접 상품을 올려 광고, 소셜 디스커버리라는 특징
소셜 쇼핑 앱스 (Social Shopping Apps)	ShopKick Stickybits 등	스마트폰 앱을 통해 쇼핑을 온라인에서 오프라인까지 확장	스마트 기기에 앱을 다운받은 소비자가 오프라인상의 상점을 방문할 때마다 포인트 및 혜택을 제공하는 방식 기업은 사용자 이용 패턴, 구매 정보 등의 정보 수집 가능이라는 특징
퍼처스 쉐어링 (Purchase Sharing)	Blipply Swipely 등	신용카드 결제를 바탕으로 타켓 마케팅	소비자의 상품 구매 정보를 공유하게 함으로써 사업자에게는 마케팅 수단을 제공하고, 구매 소비자에게는 금전적 보상을 해주는 방식 소비자 구매 정보 취급에 따른 보안 등의 문제점이라는 특징
퍼스널 쇼퍼 (Personal Shopper)	GoTrylton 등	쇼핑 관련 커뮤니티	상품에 대한 다른 사람의 객관적 조언을 얻는 방식 사업 초기 단계로 커뮤니티 형태라는 특징

않고 SNS를 연결고리로 하여 소셜 웹으로 확장된다. 모바일 단말기와 위치 기반 서비스의 도움을 받아 오프라인까지도 확장된다. 국내는 티켓몬스터, 위폰 등의 소셜 쇼핑 사이트들에 편중되어 있지만, 해외에서는 매우 다양한 방식으로 소셜 커머스가 구현되고 있다.

가) 플래쉬 세일Flash Sale

플래쉬 세일은 온라인상에서 제한된 시간 동안만 상품을 판매하는 방식이다. 대표적인 업체로는 'Vente−Privee'가 있는데 이 업체는 프라이빗 쇼핑의 형태로 회원 가입을 한 이용자만이 판매하는 상품을 볼 수 있다. 1,200개의 패션 디자이너 브랜드 및 스포츠 장비, 자동차, 여행 상품에 이르기까지 최대 70% 할인율을 제공한다. 특정 상품의 판매 기간은 2~4일 정도이며, 사이트 회원 간 입소문을 통해 회원의 혜택이 커지는 방식drivemember-get-memberreferrals을 취하고 있다.

나) 그룹 바이Group-Buy

그룹 바이는 제한된 시간 동안 정해진 인원이 모이면 특정 상품을 할인된 쿠폰으로 판매하는 방식이다. 다른 유형과 차별되는 요소는 지역 거점을 중심으로 판매 상품을 구성하고 있다는 것이다. 그루폰, 티켓몬스터, 쿠팡, 위메프, 리빙소셜 등이 대표적인 사례다. 그루폰은 지역사업자를 오프라인에서 온라인으로 끌어들였다는 평가를 받고 있다. 그루폰은 지역사업자의 판매 상품을 온라인에서 대행해서 판매해주는 형식을 취하면서 지역사업자에게는 상품의 할인 폭 및 그루폰의 대행 수수료를 마케팅 비용으로 인식하게 만들었고, 이용자에게는 50% 정도의 할인된 가격으로 상품 구입이 가능하게 함으로써 사업자와 소비자 모두가 윈-윈하는 사업 모델을 만들었다. 그리고 그루폰 이용자가 친구를 소개하여 구매까지 이어지는 경우 소개한 이용자에게 10달러 쿠폰을 제공하는 방식으로 구전 효과, 즉 소셜social 효과를 활용하고 있다. 이렇게 해서 그루폰은 회사 설립 2년 만에 타임지가 선정한 최고의 웹사이트 50위 안에 들 정도로 가파른 성장률을 보이고 있다. 앞서 언급했듯이 국내에서도 이러한 그루폰의 사업 모델을 차용한 그룹 바이 형태의 소셜 커머스 업체들이 주를 이루고 있다.

다) 소셜 쇼핑 Group-Buy

소셜 쇼핑은 단순히 상품을 할인된 가격에 판매하는 것이 아니라, 이용자들이 온라인상에서 찾아낸 좋은 판매 사이트, 혹은 상품을 서로 공유하게 하는 형태를 취하고 있다. 예를 들면, 월평균 650만 명이 방문하고 있는'Polyvore'는 패션 아이템에 관한 사이트, 상품, 패션 정보를 망라하여 패션 쇼핑을 위한 다양한 정보를 알려 주는 포털의 역할을 한다. 또한 셀러브리티들의 패션 스타일 및 잡지에 실린 패션 스타일에 관한 모든 상품의 정보를 소비자의 상품평과 함께 제공한다. 또한 이용자 중 누군가가 셔츠 아이템 사진을 올리고, 이것과 어울릴 만한 아이템 추천을 요청하면 코디가 가능한 상품을 판매 사이트가 링크된 사진과 함께 올려주기도 한다. 이 모든 것들이 사이트 운영자가 아닌 소비자들의 자발적인 커뮤니티 활동으로 가능하다. 그리고 이 사이트에서 공유하는 모든 정보는 블로그, 트위터, 페이스북으로 실시간 공유된다. 이것이 곧 Polyvore가 말하는 소위 구전마케팅이라는 것이다. Polyvore 외에도 'Kaboodle',

'Lockerz'등 소셜 디스커버리Social Discovery를 장려하는 소셜 쇼핑의 유형도 소셜 커머스의 한 종류이다.

라) 소셜 쇼핑 앱스 Social Shopping Apps

이는 위치 기반의 쇼핑 앱이다. 오프라인 매장 방문 및 구입 시 포인트 누적 및 혜택을 제공한다. 누적된 포인트로 다른 쿠폰 발급이 가능하다. 기업은 사용자 이용 패턴, 구매 정보 등의 정보가 수집 가능하다.

2009년 설립된 'Shopkick'이 대표적인 업체로, 스마트폰에 shopkick 앱을 다운받은 일반 소비자가 오프라인상의 상점을 방문할 때마다 kick이라는 일종의 포인트가 쌓이는 방식을 개발했다. 그리고 상점을 단순히 방문하는 것뿐만 아니라, 상점에서의 checkin 혹은 상품의 바코드를 스캔함으로써 kick을 추가로 적립할 수 있다. 이렇게 모인 kick은 아이튠즈의 기프트카드, 레스토랑 바우처, BestBuy, Target, Macy's, Crate & Barrel, American Eagle, Simon Malls, Sports Authority 등 미국 전역의 주요 소매점의 기프트카드, 혹은 Facebook의 크레딧 등으로 교환할 수 있으며, 기부에도 사용할 수 있다. 또한 이렇게 수집된 소비자들의 단골 상점 정보라든지 이용 패턴, 취향 등의 정보를 이용해 사업자들은 맞춤화된 마케팅을 펼칠 수 있게 되는 메커니즘이 생긴다. 이는 Shopkick 앱을 통한 walkin, checkin, scan등의 정확한 소비자의 종적을 계량화한 통계로 제공할 수 있기 때문에 가능한 것이다. 그리고 소비자 입장에서는 자주 가는 상점으로부터 할인 티켓 등의 오퍼를 받는다든가, 앱에서 단골 상점의 스페셜 오퍼 정보를 푸쉬push 등의 형태로 놓치지 않고 받을 수 있다는 메리트가 생긴다.

마) 퍼처스 쉐어링Purchase-Sharing

이 유형의 소셜 커머스는 소비자가 자신의 상품 구매 정보를 공유하게 함으로써 사업자에게는 마케팅의 수단을 제공하고, 구매 소비자에게는 금전적 보상을 해주는 방식을 취한다. 대표적인 업체 'Swipely'의 경우 소비자가 자신이 사용하는 신용카드를 사이트에 등록한 후 등록한 신용카드를 사용하여 상품 및 서비스를 구매하거나 이용할 경우, 이 구매 정보를 사업자에게 제공하여 마케팅에 활용할 수 있도록 한다. 마케팅 프로세스는 사업자가 구매한 소비자에게 포인트를 지급함으로써 단골 고객 유치를 가능하게 하고, 더 나아가 포인트를 얻은 소비자가 친구나 가족들에게 입소문을 내는 마케팅 효과를 기대하는 방식이다.

바) 퍼스널 쇼퍼Personal Shopper

GoTryItOn'은 무엇을 입을지, 무엇을 구매해야 할지 고민하게 될 때 소셜 네트워크를 통해 다른 사람의 객관적인 조언second opinion을 얻을 수 있는 유형의 소셜 커머스이다. 즉, 소셜 네트워크를 통해 상품에 대한 다른 사람의 객관적 조언을 얻는 것이다. 조언자에 포인트를 제공하고, 사업자는 구전 효과를 얻는다. 이 또한 이용자가 많아지고 그에 따라 참여하는 사업자도 많아지게 되면, 참여하는(조언을 구하거나 조언을 해주는) 이용자에게 포인트를 제공하고, 사업자는 구전 효과를 얻고, 사이트 운영자는 광고 수입을 얻는 비즈니스 모델을 구축할 것으로 예상된다. 현재로서는 사업 초기 단계로 아직은 순수한 커뮤니티 운영 수준에 머물러 있는 상태로 보인다.

5.3_비즈니스 모델에 따른 유형

전자상거래 기업은 순수 재판매 모델과 순수 다면플랫폼 모델의 범주에서 다양한 방식을 선택할 수 있다. 전자상거래 기업의 경쟁 모델 측면에서 현재의 소셜 커머스 기업의 대표인 쿠팡, 티몬, 위메프의 비즈니스 모델은 순수 다면플랫폼과 순수 재판매 모델 사이의 하이브리드 모델이라 볼 수 있다.

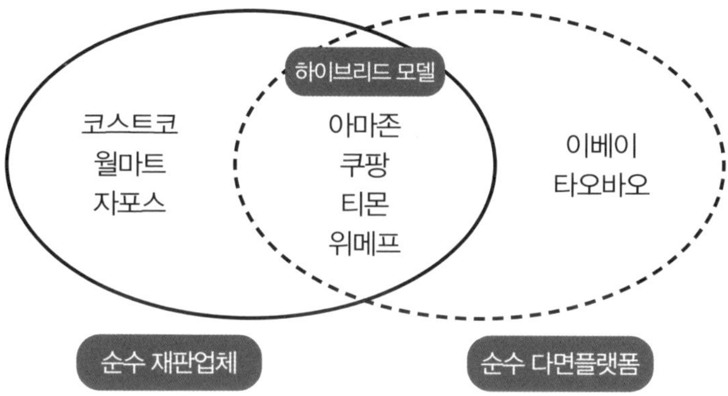

[그림 6.3] 기업별 판매 모델

Hagiu와 Wright에 따르면, 판매자와 구매자 사이의 거래를 얼마나 관리할 것인가를 결정하려면 다음의 네 가지 요인들을 고려해야 한다. 이는 규모 효과Scale Effect, 통합 효과Aggregation Effect, 구매자와 판매자 경험, 시장 실패이며 다음과 같이 설명하고 있다.

첫째는 규모 효과Scale Effect이다. 수요가 많은 상품을 판매할 때는 다수의 소규모 판매자보다 하나의 대규모 순수 재판매 업자가 더 효과적이다. 순수 재판매 업자들은 구매와 기반 시설인 인프라 투자(예를 들면 창고와 물류 센터), 배송,

고객 지원 및 기타 부문에서 규모의 경제를 활용할 수 있기 때문이다. 이런 장점들은 수요가 적거나 이른바 롱테일long-tail 상품에는 적용되지 않는다. 아마존이 고수요 상품에는 순수 재판매 업자로, 롱테일 상품에는 순수 다면플랫폼 모델로 대응하는 것도 이런 이유에서이다.

두 번째는 통합 효과Aggregation Effect이다. 어떤 상품이나 서비스는 독립 판매자들에게서 각각 구매할 때보다 함께 구매할 때 가치가 더 크다. 이는 일반적으로 순수 재판매업체들이 순수 다면플랫폼보다 성과가 더 좋다.

예를 들어 스마트폰 같은 기술 제품에 대한 특허는 대부분 그 자체로는 잠재적 구매자이나 허가 업체들에 가치가 적거나 아예 없는 경우이다. 각각의 특허들은 우회하여 개발이 가능하거나 관련 특허로 대응할 수 있어 법정 효력을 잃을 수 있다. 이것이 바로 특허 중개의 순수 다면플랫폼 비즈니스 모델이 관심을 끄는 데 실패한 이유다. 반면 특허를 사서 묶음으로 팔거나 허가를 받는 특허 통합업체들이 번창해왔다. 또한 순수 재판매업체들은 상품 간 상호 보완 관계를 더 잘 활용할 수 있다. 이마트, 홈플러스 같은 대형 유통 할인점체들은 특정 상품(예를 들면 할인점에서의 100원 행사 등의 기획 상품전)을 상대적으로 저렴하게 팔아서 소비자들을 매장으로 유도한다. 그리고 다른 제품에 더 높은 마진을 붙여 이를 만회한다. 이런 전략에서는 상품의 관리(진열, 가격 등)가 필수적이다.

셋째는 구매자와 판매자 경험이다. 때로는 훌륭한 판매자 경험을 제공하기 위해 순수 재판매 모델이 더 유용하다. 자포스가 순수 다면플랫폼에서 순수 재판매 모델로 전환한 것도 이런 이유에서였다. 처음에 자포스는 재고를 관리하고 고객의 주문을 직접 처리하는 신발 생산업체들과의 파트너십에만 전적으로 의존하고 있었다. 하지만 곧 구매자들이 훌륭한 쇼핑을 경험하도록 하면 상품도 사고 다시 와서 재구매할 가능성이 높아진다는 점을 알게 되었다. 훌륭한 쇼핑 경험이란 빠른 배송 보장, 친절하면서도 보편적인 환불 정책, 상품의 특징과 재고 유무 등 표준화된 정보 등을 의미한다. 만약 다면플랫폼 모델로 계속 운영한다면 이 같은 경험을 제공하지 못할 것이라는 점을 깨달은 자포스는 자체적으로 물류창고를 만들고 최종 소비자와의 커뮤니케이션 주도권을 완전히 가져왔다. 이 성공적인 전략은 자포스를 매력적인 인수 대상으로 만들었으며, 아마존은 2009년 10억 달러 가까운 가격에 자포스를 인수하였다.

마지막으로 시장의 실패이다. 시장의 자체에만 의존하면 시장은 때때로 붕괴된다. 시장 실패를 야기하는 가장 분명한 원인은 상품의 품질이나 판매자 또는 공급자의 신뢰도에 대한 불확실성이다. 많은 순수 다면플랫폼들이 순수 재판매 모델로의 이동 없이 이 문제를 해결했다.

예를 들어 이베이는 구매자와 판매자를 위한 피드백 시스템을 만들어 주택이나 아파트 소유자들이 전혀 모르는 사람에게 방을 빌려줄 수 있도록 하는 에어비앤비Airbnb는 이베이와 유사한 평점 시스템뿐만 아니라 양측이 정직성을 유지하기 위한 몇 가지 방법을 도입한다. 순수 다면플랫폼이 처리할 수 없는 또 다른 잠재적 시장 실패는 한쪽이 다른 쪽에 비해 정보나 협상에서 우위를 가지고 있을 때이며, 이용당할 수 있다는 두려움 때문에 약자는 거래에 참여하지 않으려고 한다. 이 경우에는 거래를 더 많이 통제해서 순수 재판매 모델에 좀 더 가까워져야 이 문제를 해결할 수 있다.

제7장
지불결제 시스템

1. 지불결제 방식의 발전

정보사회가 점차 고도로 발달하고 초고속 정보 통신망 기반이 구축되어 감에 따라서 금전의 이동을 포함한 금융 거래에 많은 영향을 미치게 되었다. 상거래의 결제 수단으로 사용되는 화폐는 옛날의 물물교환 형태에서 금, 은 등 귀금속으로 바뀌고 이것이 지폐 및 수표로 진화하였으며, 오늘날 정보 기술의 발달과 더불어 다양한 신용카드 및 직불카드 형태로 발전하였다. 특히 최근에 인터넷 전자상거래가 널리 이용되면서 새로운 지급 결제 수단으로서 전자화폐가 실용화되면서 여러 가지 법률적, 제도적인 과제를 낳게 되었다.

1950년대 초에 미국의 은행들이 업무에 컴퓨터를 도입한 이래 자금의 이동을 전자적으로 처리하는 새로운 지급 수단으로서 전자자금 이체Electronic Fund Transfer : EFT가 출현하게 되었고, 그 이후 각국에서는 정보 통신 기술의 발달과 함께 전자자금 이체가 급속하게 보급되었다. 우리나라에서도 홈뱅킹 등으로 대표되는 이 제도는 비약적인 발전을 거듭하였다.

우리나라에서는 현재 현금자동지급기Cash Dispenser : CD, 자동입출금기Automated Teller Machine : ATM, 직불카드거래단말기POS Terminal 등이 이용되고 있고, CD공동망과 타행환 공동망에 이어 한국은행금융망BOK-Wire이 구축되어 운용되고 있다. 앞으로 컴퓨터 관련기술의 진보와 더불어 서면지급제도가 점차 감소되고 전자자금 이체를 중심으로 전자지불결제 제도가 이를 대체해 나가고 있다.

한편 인터넷 상거래가 증가함에 따라서 전자상거래의 결제 수단으로 현재 신용카드에 의한 결제가 주류를 이루고 있다. 그러나 이러한 신용카드에 의한 결제에는 신용카드 사기와 해킹 등에 의한 피해가 발생될 수 있고, 이를 막기 위하여 신용카드 회사들은 암호 기술과 보안 기법을 개발하기 위하여 많은 관심과 노력을 기울이고 있다.

이러한 노력의 구체적인 형태는 인터넷상에서 신용카드에 의한 결제 데이터를 암호화하거나, 고도의 보안성을 가진 전자화폐Electronic Money를 개발하여 결제에 사용하는 방법이다. 앞으로는 점차 전자화폐를 이용한 결제가 확대될 것으로 전망된다.

다양한 전자자금 이체 제도의 발달과 함께 전자화폐의 일반화는 새로운 모습을 띤 정보사회의 도래를 의미한다. 전자자금 이체, 전자지갑 내지 전자화폐 제도는 거래 당사자에게 많은 편리함과 이득을 가져다줄 수 있다. 반면에 종래의 결제 수단과는 전혀 다른 형태이기 때문에 지금까지의 법과 제도를 해석, 적용하여 해결할 수 없는 여러 가지의 법적, 제도적 문제점과 과제가 제기된다. 따라서, 전자지불결제 제도의 발전과 전자지불결제의 신뢰성 및 안전성을 확보하여 전자지불결제 제도가 원활하게 정착되고 이용되기 위하여서는 이에 관한 법적, 제도적 기반 조성을 위한 노력이 필요하다.

2. 전자지불결제

2.1_전자지불결제의 개요

급속한 정보 통신 기술의 발달로 등장한 전자상거래는 기존의 화폐나 지급 결제 수단의 불편한 점을 개선한 새로운 전자적 방식에 의한 지급 수단의 수요를 발생시켰고, 이에 따라 전자화폐 및 전자지불결제 시스템 등의 개념이 등장하는 계기를 마련하였다. 전자화폐는 정보 보안, 전자 인증, 암호화 등과 함께 전자상거래를 위한 요소 기술 중 하나이며, 실제 상거래에서 지급 수단으로 이용되는 주화나 지폐와 동일한 가치를 갖는 디지털 형태의 정보로, 디스크와 IC 칩 같은 컴퓨터 기록 매체에 저장 가능하고 네트워크를 통해 전송이 가능한 화폐를 칭한다.

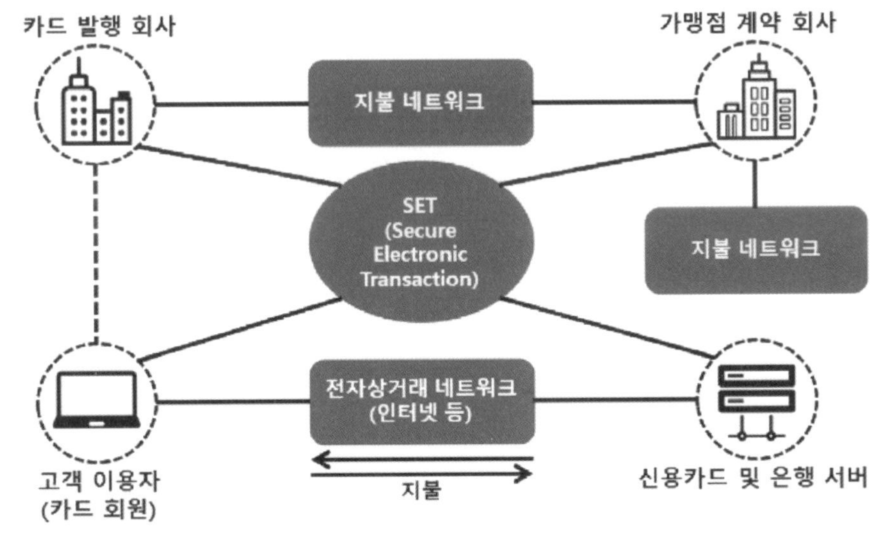

[그림 7.1] 전자지불 시스템

그리고, 화폐 가치 또는 화폐 가치에 대한 정보를 부호화하여 전자 장치에 기록 및 저장한 뒤 지급 결제 시 상대방에게 화폐 가치를 이전하거나 화폐 가치에 대한 정보를 변경할 수 있도록 고안된 전자적 수단이나 시스템을 포괄적으로 전자지불결제 시스템이라고 칭한다.

전 세계적인 인터넷 사용의 급증에 따라 이를 이용한 제품 홍보, 판매 등이 빈번하게 이루어지고 있어, 이를 뒷받침할 수 있는 전자지불결제 시스템이 카드 회사, 은행, 서비스 사업자들을 중심으로 활발히 개발 및 상용화되고 있는 실정이다. 전자상거래의 활성화에 따른 새로운 결제 수단의 필요성과 현금 시장에서의 소액 현금의 대체 필요성 대두, 마모성과 휴대의 불편 사항 같은 실물화폐의 사용상 불편, 실물화폐의 발행 및 관리 비용 감소 요구 등이 전자화폐의 등장을 촉진시켰으며, 보안성이 뛰어난 인터넷 기술을 포함한 정보 통신 기술의 급속한 발달도 전자화폐 확대에 기여하고 있다. 현재 국가나 중앙은행이 금전 가치를 표시한 전자데이터를 발행·유통시켜 현금과 완전히 동등하도록 만든 전자화폐는 없으며, 아직 연구 단계에 머물러 있다. 상용화되었거나 개발 중인 전자화폐는 이용자의 현금이나 예금 등을 담보로 발행되는 것으로, 실제 시중에 유통하고 있는 자금의 보증을 필요로 하기 때문에 새로운 가치창조를 수반하지는 않는다.

전자지불결제 시스템은 몇 가지 기준에 따라 분류된다. 돈이 지불되는 시점, 은행에 화폐의 적법성을 인증받는 시점, 인증 방법, 거래 액수 등에 따라 구분할 수 있다. 또한, 개인의 사생활 보장을 위하여 화폐에 익명성을 보장하는 기법들이 사용되는 경우와 약탈이나 돈세탁 등의 범죄를 추적할 수 있도록 공정기관을 두는 경우도 있다.

2.2_전자지불결제의 개념과 의의

전자지불결제란 물품의 구입에 따른 대금 결제나 자금 이체 등을 인터넷, PC통신, EDI 등과 같은 정보 기술을 이용하여 컴퓨터로 처리하는 것을 말한다. 보다 협의의 개념으로는 인터넷의 가상 상점에서 물품을 구입한 후 가상 상점과 계약된 은행이나 신용카드 회사와 온라인 결제를 통해서 대금을 지불하는 것을 말한다. 이러한 온라인 대금 결제는 실시간 처리와 판매자에게 인증코드를 보냄으로써 개인뿐만 아니라 소비자 및 판매자와 거래 은행 내지 신용카드 회사 간의 거래 시 안정된 환경을 제공하여 상품과 서비스의 구매를 용이하게 하는 장점이 있다.

전 세계적인 인터넷의 확산으로 이전에는 존재하지 않던 각종 재화나 서비스 등이 가상공간에 출현하고 있다. 이들에 대한 수요가 증가하면서 네트워크상에서 비용을 결제하기 위한 전자지불결제 시스템에 대한 관심이 고조되고 있다. 전자지불결제 시스템은 전자상거래를 할 때 안전한 환경을 제공하여 전자상거래의 안전핀 역할을 한다. 전자지불결제란 넓게는 전자자금 이체, 신용카드 결제 등에서부터 좁게는 순수 디지털화폐 등에 의한 결제를 포함하지만 현재 주로 사용되고 있는 것은 신용카드 결제 방식이나 온라인 결제 방식이다. (신용카드나 온라인 방식을 제외한 전자지불결제는 1~5% 미만에 불과하다.

인터넷 상거래에서는 판매자로부터 소비자에게 제품 또는 서비스를 인도하고 소비자로부터 판매자에게 그 대금을 전송하는 활동이 수반된다. 유형의 재화인 경우 소비자는 인터넷을 통해 상품을 주문하고 그 대금을 지불할 수 있으나, 상품 자체를 인터넷으로 인도할 수는 없다. 그러나 정보, 데이터베이스, 소프트웨어 등과 같은 무형의 재화인 경우 주문에서 제품의 인도, 대금결제에 이르는 모든 거래가 인터넷에서 완성될 수 있다.

거래가 전자적으로 처리되는 경우 거래 정보의 이용 가능성Data Availability이 증가된다. 즉 전자적으로 저장된 자료를 검색 및 분석하고, 상이한 저장소의 자료를 연결 및 결합하며, 전송 및 분배하기가 용이하다. 이는 소비자, 판매자, 은행 등의 인터넷 상거래 관련 당사자들에게 회계 및 일반 관리의 효율성을 높여준다. 그러나 전자적으로 처리되는 시스템에서는 자료의 집계, 권한이 없는 자의 접근과 침입, 정보 공개 등이 쉬워짐으로써 사용자의 익명성이 저해될 수 있고 프라이버시가 침해될 수 있다. 또한 불특정 다수를 대상으로 인터넷 가상공간에서 상거래가 이루어지기 때문에 현실의 물리적인 시장에서보다 거래 당사자 간의 신뢰를 구축하기가 어렵다.

따라서, 인터넷 상거래가 많은 소비자들과 판매자들에게 널리 수용되고 보편화 되어 그 효율성을 높이기 위해서는 네트워킹 기술, 정보 과부하 등의 문제가 해결되어야 할 뿐만 아니라 안전하고 편리한 전자지불결제 시스템이 구축 및 운영되어야 한다.

3. 전자지불결제 시스템

3.1_전자지불결제 시스템의 전제조건

소비자가 프라이버시와 익명성이 보장되지 않는 결제 시스템으로 구매하는 경우 소비자의 개인정보가 중앙의 데이터베이스에 전자적으로 기록될 수 있다. 이러한 개인정보는 특정한 기술을 이용하여 분석될 수 있고, 그 정보는 기

[표 7.1] 전자지불결제 시스템의 조건

보안성	암호 방식을 이용한 안전한 결제 시스템 구축
익명성 보장 및 개인정보 보호	전자상거래 행위에 있어 자신의 신상 기록이나 거래 내역이 보호받을 수 있어야 함을 의미
경제성	전자적 방식을 이용하는 데 따른 추가적 경제적 부담이 최소화되어 사용자들이 용인할 수 있는 수준이 되어야 함
인프라스트럭처	전자지불결제를 가능하게 하는 인프라스트럭처가 구축되어야 함
추적 가능성	거래에 따른 문제가 발생했을 때에는 원인을 발견하기 위한 추적이 가능해야 함
사용자 수용성	무엇보다도 중요한 문제로 사용자의 수용성은 위 조건들이 만족될 때 자연히 제고될 것임

업이 고객 선호도, 생활 양식 등을 파악하기 위한 자료들로 판매되는 경우 소비자의 프라이버시를 침해하게 된다.

실제로 현재 다양한 정보 분석 프로그램으로 웹 사용자들의 개인정보가 자신도 모르는 사이에 누출될 수 있다. 또 거래와 관련된 프라이버시와 익명성이 완전히 보장되는 결제 시스템은 불법적인 돈세탁, 밀수 거래, 조세 회피의 수단으로 활용될 수 있다. 따라서 적절한 감사 추적을 가지면서 개인의 프라이버시와 익명성을 보장하는 결제 시스템이 가장 이상적이다.

전자지불결제 시스템에 있어서 최근 중심적인 이슈는 바로 소액전자지불결제Micropayment이다. 소액전자지불결제란 인터넷상에서 상품 혹은 용역의 대가로 부과되는 금액이 일정 기준의 소액인 경우 소액지불결제를 처리하기 위한 특수한 전자지불결제 시스템을 만드는 최근 소액전자지불결제가 주목을 받는 이유는 인터넷 환경이라는 특수성에서 기인한다.

인터넷을 통하여 MP3 파일 다운로드가 폭발적으로 증가하고 있고 최근 음반, 영상 업체들이 자사 콘텐츠의 지적 보호를 위해 이의 유료화에 적극 나서고

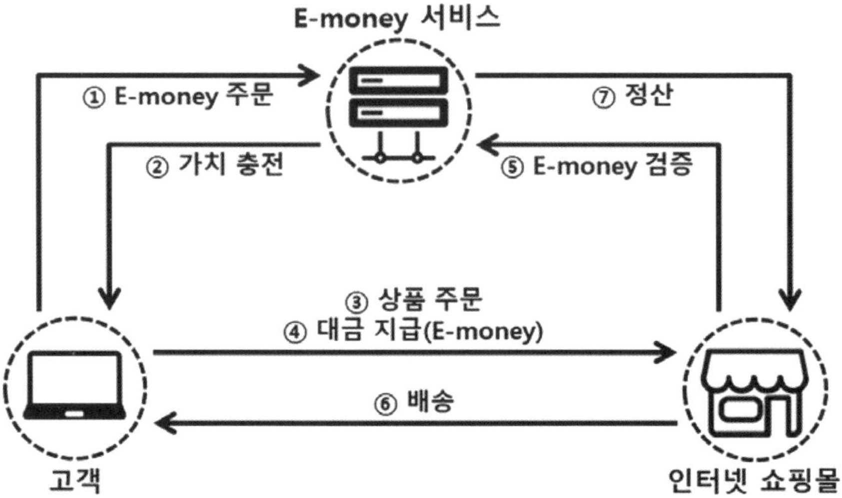

[그림 7.2] 소액지불결제 시스템의 운영 체제

있기 때문이다. 또 눈으로 직접 보고 구입할 수 있는 실물 시장의 강점이 두드러지지 않는 품목들(책, CD, 티켓 예매)이 대부분 소액인 것도 소액전자지불결제 시장 활성화의 한 요인이다.

신용카드에 의한 결제는 수수료가 높기 때문에 소액을 지원하는 경우 거래액수보다 수수료가 더 큰 경우가 발생한다. 따라서 소액 거래를 지원하기 위해서는 결제 처리 비용이 낮아야만 가능하다.

암호 방식을 이용한 결제 시스템은 암호 알고리즘이 파괴되지 않을 때에만 그 안전성이 유지된다. 하지만 고액 거래를 지원하는 시스템일수록 암호의 수명이 길수록 범죄 발생률은 더 높아지기 때문에 전자지불결제 시스템의 안전을 위하여 키를 수시로 변경하거나 거래 당사자 간에 신뢰성을 제공하는 등의 다양한 다단계 보안조치가 제공되어야 한다. 그렇다고 보안시스템이 너무 복잡하거나 엄격하면 사용자에게 불편을 초래하게 되고 이것은 비용의 발생과 소액 거래의 비활성화를 가져올 수 있다는 점에 유의해야 한다.

3.2_전자지불결제 시스템의 유형

인터넷 상거래에서 가장 중요한 하부 구조 중의 하나가 대금결제 시스템으로 전자상거래에 대한 일반인들의 신뢰도는 대금결제 시스템의 안전성에 달려있다고 해도 과언이 아니다. 현재 사용되거나 개발 중인 전자상거래를 위한 전자지불결제 시스템은 다음과 같다.

가) 전자화폐형 시스템

전자화폐는 발행자에게 미리 대가를 지불하고 플라스틱 카드상의 IC(Integrated Circuit)칩 또는 컴퓨터 네트워크상에 일정한 화폐 가치를 전자 기호로 저장한 후 이를 상품 구매 등에 사용하는 전자적 지급 수단이라 할 수 있다. 고객은 상품이나 서비스 구매 시에 이러한 전자화폐를 단말기나 공중망을 이용하여 상품 제공업자에게 이전함으로써 비용을 지불할 수 있다. 전자화폐는 특성상 모두 공개된 인터넷상에서 거래가 이루어지므로 '익명성'이 매우 중요한 요소이다. 익명성을 최대한 유지하기 위해서는 암호화의 수준이 높아야 하는데 이 경우에는 편의성이 떨어지는 약점을 가지게 된다. 현재 전자화폐를 시험 운용하고 있는 국가들은 거의 대부분이 카드형 전자화폐를 개발하여 연구 중이며, 네트워크형 전자화폐는 보안성, 안전성의 문제로 그 개발이 미미한 실정이다.

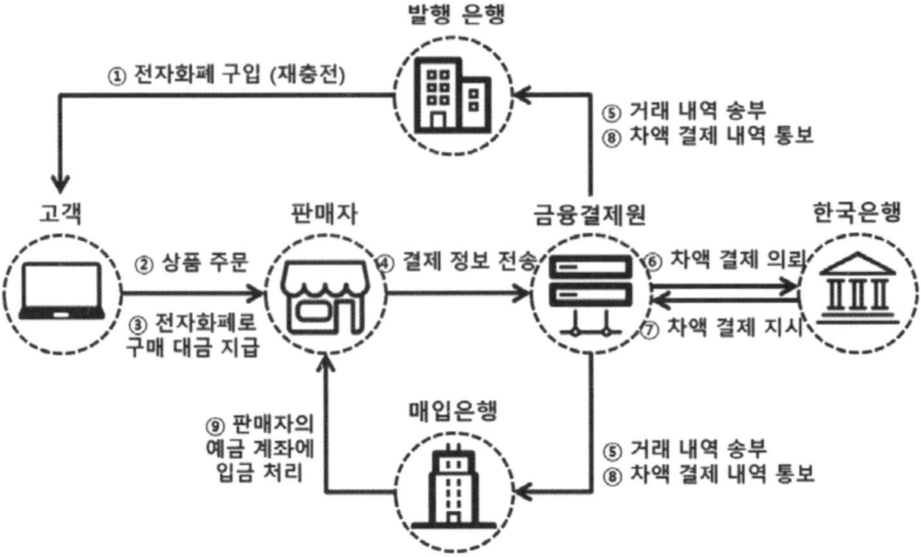

[그림 7.3] 전자화폐 운영 체제

전자화폐 시스템은 지불 시 은행 등 전자화폐 발급자와 연결되어 전자지불 결제가 이루어지는 온라인 방식과 은행 등의 개입이 없는 오프라인 방식으로 나누어 볼 수도 있는데, 전자의 대표적인 예는 네델란드의 디지캐시사에서 발행하는 E-Cash가 있고, 후자의 대표적인 예는 IC 카드를 이용한 전자지갑형 전자현금인 영국의 Mondex Card와 벨기에의 Proton이 있으며, 애틀랜타 올림픽에서 선보인 Visa Cash 가 있다.

나) 전자수표형 시스템

전자수표는 전통적인 종이로 된 수표 모델에 기반을 두고 있다. 전자수표 메시지의 디지털 서명은 종이 수표에 손으로 쓰는 서명을 대신한다. 전자수표의 사용자는 은행에 신용계좌를 갖고 있는 사용자로 제한된다. 이 시스템은 발행자와 인수자의 신원에 대한 인증이 보안기법을 통해 이루어져야 하므로 비용이 따르는 문제를 갖고 있다. 그러나 전자수표는 상당히 큰 액수의 거래 또는 기업 간 상거래의 지불 수단으로 적합하다.

이 시스템의 특징은 개인용 컴퓨터 메모리카드 국제협회Personal Computer Memory Card International Association : PCMCIA의 메모리카드를 이용한 하드웨어 기반의 서명 방법을 사용한 것이다. 이러한 서명 카드를 인식하는 장치를 컴퓨터에 설치하고, 이 카드가 있어야 수표에 서명하고 배서할 수 있다.

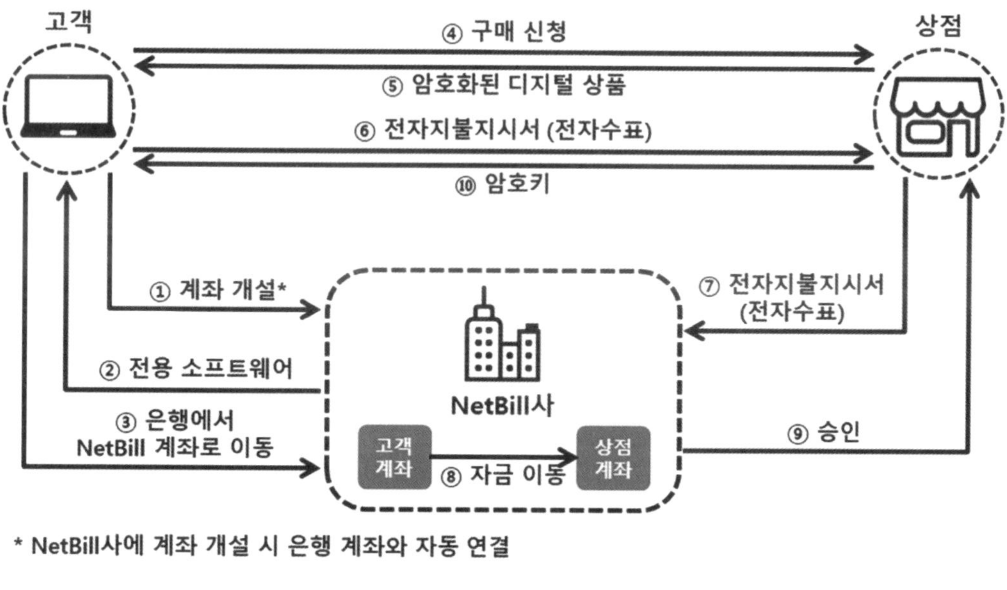

[그림 7.4] 전자수표 형태의 운영 체계

다) 신용카드형 시스템

신용카드 지불시스템은 이미 널리 사용되고 있는 신용카드를 그대로 인터넷 상거래에 적용하려는 것으로 신용카드사가 신분을 보장하기 때문에 거래의 안정성을 보장하면서 인터넷상에서 구매가 가능하다. 세계적으로 가장 일반적인 결제 수단으로 사용되고 있어 보편성이 있으며, 법적·제도적인 문제가 거의 없다고 봐도 무방하다. 그러나 이러한 신용카드도 몇 가지 문제점을 안고 있는데 신용카드를 사용하는 경우 최소한의 시스템 유지 비용이 발행하기 때문에 일정 금액 이상의 거래로 제한할 수밖에 없어 소액 결제에는 부적당하다는 것이다. 또, 청소년이나 무직자 같은 경우나 신용상태가 열악하여 신용카드를 발급받지 못해 보편적 사용성이 떨어지고 개방형 네트워크인 인

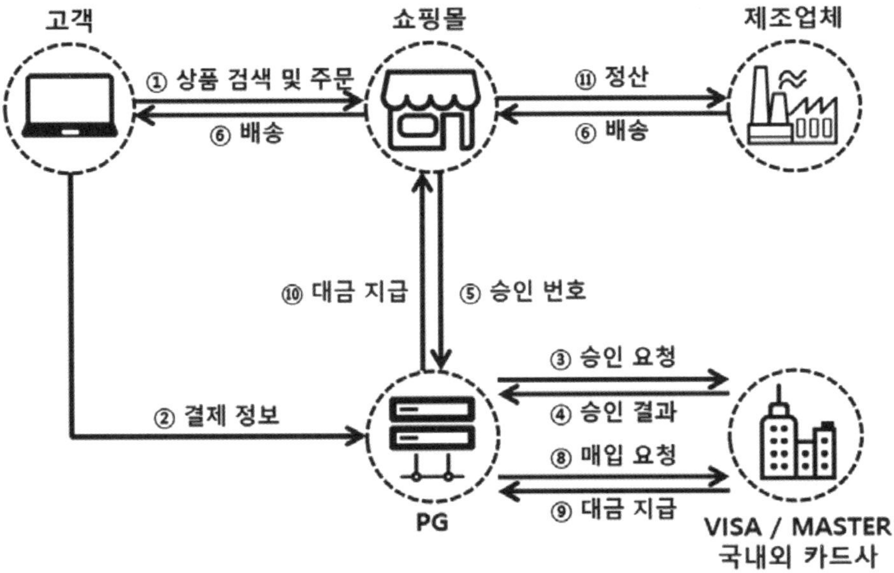

[그림 7.5] 신용카드 지급시스템 운영 체제

터넷에서 신용카드로 결제할 경우에는 정보 노출의 위험을 배제할 수 없다는 단점이 있다.

라) 스마트카드 기반의 전자결제 시스템

기존의 다른 전자지불결제 시스템들이 대부분 미국을 중심으로 개발되고 사용되어 온 반면 스마트카드 기반의 전자지불결제 시스템은 유럽을 중심으로 개발되고 있다. 일명 스마트카드형 카드라고도 불리는 IC 카드는 개인 간의 전자적인 자금 교환도 가능하며, 은행으로부터 자금을 입 · 출금하거나 원격지의 상대에게 송금하는 것도 가능하다. 즉, 전자적으로 자금 가치를 보유할 뿐만 아니라 네트워크를 통하여 원격지 송금이라는 현금이 갖고 있는 결점을 보완하는 기능을 실현하고 있다.

또한 서로 다른 통화가 내장된 전자지갑을 통하여 다통화 사용이 가능하며 화폐 정보를 IC 카드에 보관함으로써 컴퓨터 하드 디스크에 보관하는 것보다 안정성 측면에서 뛰어나다. 그 외 장점으로 온라인상의 인터넷 상거래뿐만 아니라 오프라인 상태에서도 이용 가능하며 취급이 용이할 뿐만 아니라 유통 비용이 저렴하며, 신용 보증이 필요 없기 때문에 소액의 구매에 자유롭게 사용이 가능하고, 스마트카드를 받는 상점 측에서는 현금과 잔돈을 취급하지 않기 때문에 관리가 용이하고 시간이 절약되는 장점이 있다. 특히 스마트카드형 시스템의 장점인 오프라인 처리는 호스트의 연산 부담을 줄여 중앙 호스트 컴퓨터의 투자 비용과 단말기와 호스트 간의 통신비용을 크게 줄일 수 있어 전체 시스템의 투자 효율을 제고시킬 수 있다.

스마트카드 기반의 전자지불결제 시스템을 이용하기 위해서는 인프라 정비를 위한 초기투자와 그에 따른 단말기 구입, 기타 은행시스템과의 접속 등 초기 투자 비용이 많이 요구된다는 점을 단점으로 지적할 수 있다. 그 외 VISA Cash와 같이 개인 간의 자금 이체가 불가능한 폐쇄형인 경우에는 반드시 정산이 필요하다는 단점이 있다. 스마트카드는 지금까지 인터넷상에서 거의 이용되지 않았다. 오프라인 기능으로 인해 상업적인 확산과 높은 안전성 그리고 편리한 응용 가능성은 스마트카드를 특히 소액지불과 관련하여 인터넷에서 훌륭한 지불 형태의 가능성을 제시하고 있다.

마) P2P 결제

P2P(Person To Person) 결제란 개인과 개인 간에 대금 결제를 할 수 있도록 제공되는 지불 서비스를 뜻한다. 결제 프로세스는 지불자 및 피지불자가 지불 브로커(가령, 페이팔)에 계정을 개설하고, 지불자가 자신의 계정에 자금을 투입하면, 지불 거래가 승인되며, 곧 지불 금액이 지불자의 계정에서 차감되어 피지불자 계정으로 입금된다.

P2P 결제의 장점은 누구나 이메일 주소만 있으면 다른 사용자에게 지불 또는 송금이 가능하다는 것과 개인 간에도 신용카드를 통해 대금 결제를 할 수 있다는 것이다. (예: C2C 거래)

대표적인 예로 페이팔PayPal이 있다. 페이팔은 현재 이베이사에 인수된 지불 중개 업체로, 지불자의 돈을 받아 이메일을 통해 안전하게 피지불자에게 전달해 주는 서비스 제공하고 있다. [그림 7.6]은 페이팔의 결제 프로세스를 나타낸다.

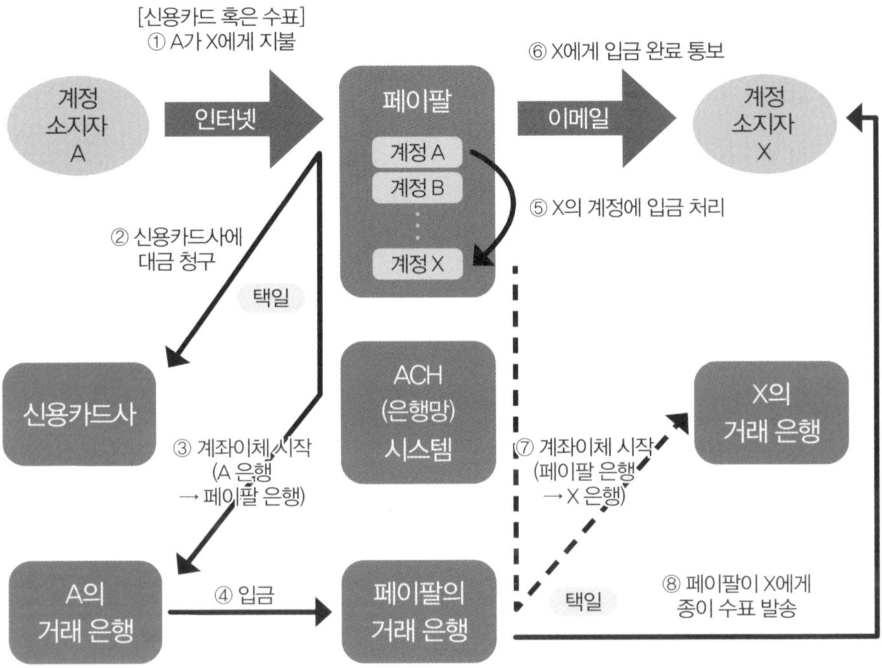

[그림 7.6] 페이팔 결제 프로세스

3.3_전자지불결제 시스템의 유형별 활용 방안

앞에서 제시한 각각의 전자지불결제 시스템에 대한 설명을 토대로 하여 각 유형별 장·단점과 활용 방안을 정리하면 다음과 같다.

[표 7.2] 전자지불결제 시스템의 유형별 장 · 단점 및 활용 방안

유형 비교	전자지불결제 시스템 유형			
	전자현금형	신용카드형	전자수표형	스마트카드형
장점	• 이체의 동시성 • 인증 불필요 • 높은 익명성 • 자유로운 자금 이체 • 복제 및 이중 사용 방지	• 신용 확인이 어려운 거래 지원 • 광범위한 사용 • 법적인 문제 미적용 • 상거래 보안의 보장	• 자금 보관의 안정성 • 기업 간 자금 결제	• 개인 간 자유로운 자금 이체 • 신용 보증 불필요 • 관리 용이 및 높은 안정성 • on-/off-line 사용 지원 • 시스템의 투자 효율 제고
단점	• 사용 기한의 지정 • 거래 처리 비용 과다 • 사용자 수 제한 • 전자화폐 유실 시 사용자 책임	• 소액 결제 부적합 • 신용불량자 사용 불가 • 익명성 저하 • 시스템의 유지 비용이 과다 • 시스템 확장성 제한	• 제한된 사용자 • 사용자의 사용 전 인증 필수 • 높은 처리 비용 • 익명성 저하 • 시스템 확장성 제한	• 초기 투자 비용 소요 • 정산의 필요(폐쇄형)
활용 방안	• 소액의 전자상거래 • 정보 상품 거래	• 신용 확인이 어려운 인터넷 전자상거래 • 실시간 전자 쇼핑몰	• 기업 간 전자상거래 • 거액의 자금 결제에 적합	• 통합형 전자지불 결제 • 각종 정보 내장

찾아보기

A~Z
AGV 40

B2B 72, 108
B2B유형 125
B2C 70, 109
B2G 77, 112
B2P유형 123

C2C 74, 111
C2G 77, 112

e마켓플레이스 79
e마켓플레이스 유형 83

O2O 76, 115

P2P 75
P2P 결제 184
P2P유형 121

ㄱ
가상공동체 83
개인화(Personalization) 57, 101, 102
거래소(exchange) 72
공급자주도형 85
공동구매형 159, 160
구글 28
구매자주도형 85
구전마케팅(Word of Mouth Marketing) 140
국제 표준(Internet standards) 56
그룹 바이(Group-Buy) 163

ㄴ
넷플릭스 29

ㄷ
독립 거래소 87
드론 39

ㄹ
로봇공학 14

ㅁ
모바일 커머스 60, 91
모바일 플랫폼 96
무인운송수단 14, 37, 38

ㅂ
범 세계적 도달 범위(Global Reach) 56
보안성(Security) 101, 103
빅데이터 13, 14

ㅅ
사물인터넷 14, 31
사설 산업 네트워크 72
4차 산업혁명 11
산업 컨소시엄 72, 88
상호작용성(Interaction) 57
소셜 기술(Social Technology) 58
소셜 네트워크 서비스(SNS / Social Network Service) 64
소셜 링크형 157, 158
소셜 쇼핑 앱스(Social Shopping Apps) 165
소셜 쇼핑(Group-Buy) 164
소셜 웹형 158, 159
소셜 커머스 64, 139
순수 다면플랫폼 167
순수 재판매 167
스마트카드 183
신용카드형 182

ㅇ
알리바바 28

오프라인 연동형 161
온라인 구매자 87
온라인 유통자 86
위치성(Localization) 101, 103
이동성(Mobility) 100, 101
이용자 방문 B2P유형 130
인공지능 13, 18

ㅈ
자율주행차량 39
전자구매조달(e-procurement) 72
전자수표형 180
전자적 유통업자(e-distributor) 72
전자지불결제 173
전자화폐형 179
접근성(Reach ability) 101
정보밀집도(Information Density) 57
제3자형 86
즉시성(Real time) 100, 101
지불결제 시스템 171

ㅋ
커넥티드 컨슈머(Connected Consumers) 36

ㅍ
퍼스널 쇼퍼(Personal Shopper) 166
퍼처스 쉐어링(Purchase-Sharing) 166
편리성(Convenience) 101, 102
편재성(Ubiquity) 56, 101, 102
풍부성(Richness) 56
플래쉬 세일(Flash Sale) 163

ㅎ
효과성 63
효율성 63

전자상거래 – e비지니스 II

초판 인쇄 2020년 12월 23일
초판 발행 2020년 12월 30일

지은이 조준서
발행인 윤성우 Director, University Knowledge Press
편집장 신선호 Executive Knowledge Contents Creator
도서편집 장혜정 Contents Creator
이근영 Contents Creator
디자인 우승민 Designer
고승현 Designer
재무관리 조아라 Managing Creator
전자책·사전 장혜린 Contents Creator
발행처 한국외국어대학교 지식출판콘텐츠원
02450 서울특별시 동대문구 이문로 107
전화 02)2173-2493~7
FAX 02)2173-3363
홈페이지 http://press.hufs.ac.kr
전자우편 press@hufs.ac.kr
출판등록 제6-6호(1969. 4. 30)
인쇄·제본 (주)케이프린텍 053)313-3673

ISBN 979-11-5901-842-8 [93320] 정가: 14,000원

* 잘못된 책은 교환하여 드립니다.

HU:NE 은 한국외국어대학교출판부의 어학도서, 사회과학도서, 지역학 도서 Sub Brand이다. 한국외대의 영문명인 HUFS, 현명한 국제전문가 양성(International+Intelligent)의 의미를 담고 있으며, 휴인(携引)의 뜻인 '이끌다, 끌고 나가다'라는 의미처럼 출판계를 이끄는 리더로서, 혁신의 이미지를 담고 있다.